教育の羅針盤3

「自分事の問題解決」をめざす理科授業

村山 哲哉
Tetsuya Murayama

図書文化

はじめに

21世紀を迎えて、世界各国は他の国々との協力や調和なくして存続できなくなっています。我が国も例外ではありません。国際社会において、経済活動の相互依存や知識、文化、科学、技術、金融などのグローバル化が進行する一方で、人種差別、民族間の抗争、宗教や思想の対立、社会不安、人口増加や食糧危機、貧富の格差など、解決困難な様々な問題に直面しています。まさに国際社会は、一定の正解がなく、知識や情報が日進月歩で変化していく「知識基盤社会」に突入しています。

私たち日本人は、四季の移ろいとともに美しく変化する風景、そこに生息する多種多様な草花や生物などの自然とともに生きることで独自の自然観をはぐくむ一方で、国際社会に貢献し、社会的にも経済的にも成長し続けてきました。グローバル化の中で、知識基盤社会を切り拓いていくことは我が国においても大きな課題となっています。

こうした中、平成23年3月11日に発生した東日本大震災は、日本観測史上最大の地震と津波により、広範囲で尊い命や生活基盤を奪いました。また、深刻な原子力災害によって環境中に放出された放射性物質による汚染の影響は甚大であり、私たち日本人は、除染や放射性廃棄物の処理などの長期的課題を背負うとともに、これからのエネルギー供給や自然との関係について、改めて考え直す必要に迫られています。このような環境やエネルギーの問題のほか、長引く経済の低迷等の問題を抱える中、これまでの経済社会のあり方や豊かさ、自然環境や科学技術に対する考え方が変わろうとしています。我が国は、まさに今、科学技術と社会の在り方について議論を深め、現代社会における自然現象への対応や科学技術の役割を見つめ直し、新たな行動へつなげていくべき時にあります。

こうした社会状況を鑑みると、子どもたちに「問題解決」の力を育成することがますます必要になってくると言えるでしょう。理科の生命線である「問題解決」を見つめ直し、捉え直して、夢と希望に満ちた持続可能な社会の構築と新しい理科教育の創造に向けて新たな道を切り拓いていくことが私たちに課せられた大きな使命です。

問題解決の主役は、子どもです。子どもが本気になって事象を捉え、表現し、他者と吟味し、考察する問題解決を、いわゆる教師主導の、子どもにとっては他人事の形式化された問題解決と区別する意味で、筆者は、「『自分事《ごと》』の問題解決」として提案しています。「8つのステップ」で子どもが問題解決のプロセスをたどる中で、「論理的思考」が育成されます。また、身の回りにあふれる過剰な情報をすぐに鵜呑《うの》みにせず、「本当にそうなのだろうか?」と少し懐疑的になることも必要です。「批判的思考力」と言われるものです。さらに、子どもたちに実際の自然や日常生活を見直し、自分の知識を当てはめて考察しながら、自分が学習したことに有用感をもたせることも大切です。そこでは、「実践的思考力」が育成されます。

このように、「自分事の問題解決」とは、論理的思考、批判的思考、実践的思考が三位一体となったものです。混迷を極めつつある国際社会と我が国の将来を考えたとき、理科で子どもたちに託していかなければならないことは、「論理、批判、実践」とこれらを支えるコミュニケーションです。そして、これらを育成できる場が、理科の授業です。

本書を手にとってくださった読者の方々にとって、本書が理科教育、理科授業、そして、問題解決について思慮、考察、実践する上での一助となれば幸いです。特に、理科の指導に対する苦手意識をもつ読者に一読していただきたい1冊です。

「自分事の問題解決」をめざす理科授業——目次

第3章　これからの時代に求められる科学的思考力――93

第4章　実りある授業研究のための3つのフェイズ――113

第5章　一教育者としてのライフストーリー―――― 137

【第1章】

「自分事の問題解決」で展開する理科授業

1 理科の問題解決をどう展開するのか

子どもたちは、理科の授業を楽しみにしています。これは全国どの小学校においても共通の傾向と言えるでしょう。「うちの学校、あるいは、うちの学級の子どもたちは理科が嫌いで困ります」という話を、筆者はこれまでに聞いたことがありません。そういう意味では、理科の授業は、好きにするというより「より好きにする」、あるいは、「嫌いにしない」というところが１つのポイントです。

その一方で、「理科は将来、社会に出て役に立ちますか」と子どもに尋ねると、あまりよい答えが返ってきません。子どもは理科を学ぶ意義や有効性をあまり感じていないという課題があります。理科の授業でこうした課題を克服していくことが、もう１つのポイントになります。

小学校理科の目標と問題解決のプロセス

小学校学習指導要領には、理科の目標が次のように示されています。

> 自然に親しみ、見通しをもって観察、実験などを行い、問題解決の能力と自然を愛する心情を育てるとともに、自然の事物・現象についての実感を伴った理解を図り、科学的な見方や考え方を養う。

子どもは誰もが、その発達や経験・知識に応じて、自然の事物・現象に対する素朴な見方や考え方をもっています。理科の指導においては、そうした子どものいわゆる素朴概念を科学的な手続きによって、科学的な見方や考え方に変えていくことが重視されています。このプロセスを「問題解決」(図1・1)と呼んでいます。

このプロセスは8つに分節でき、それを筆者は、「問題解決の8つのステップ」として提案しています。

問題解決における8つのステップ

「問題解決の8つのステップ」のステップ1は、子どもが、自然の事物・現象と対峙したり、働きかけたりすることによって、これまでの経験や知識と結び付けたり、ズレを感じたりしながら、自分の気付きや疑問をもつことです。

ここで大切なのは、子どもの認知的葛藤を喚起することです。これまでの経験や知識と合致していることやまったく合致しないことに対しては、子どもの認知的葛藤は引き

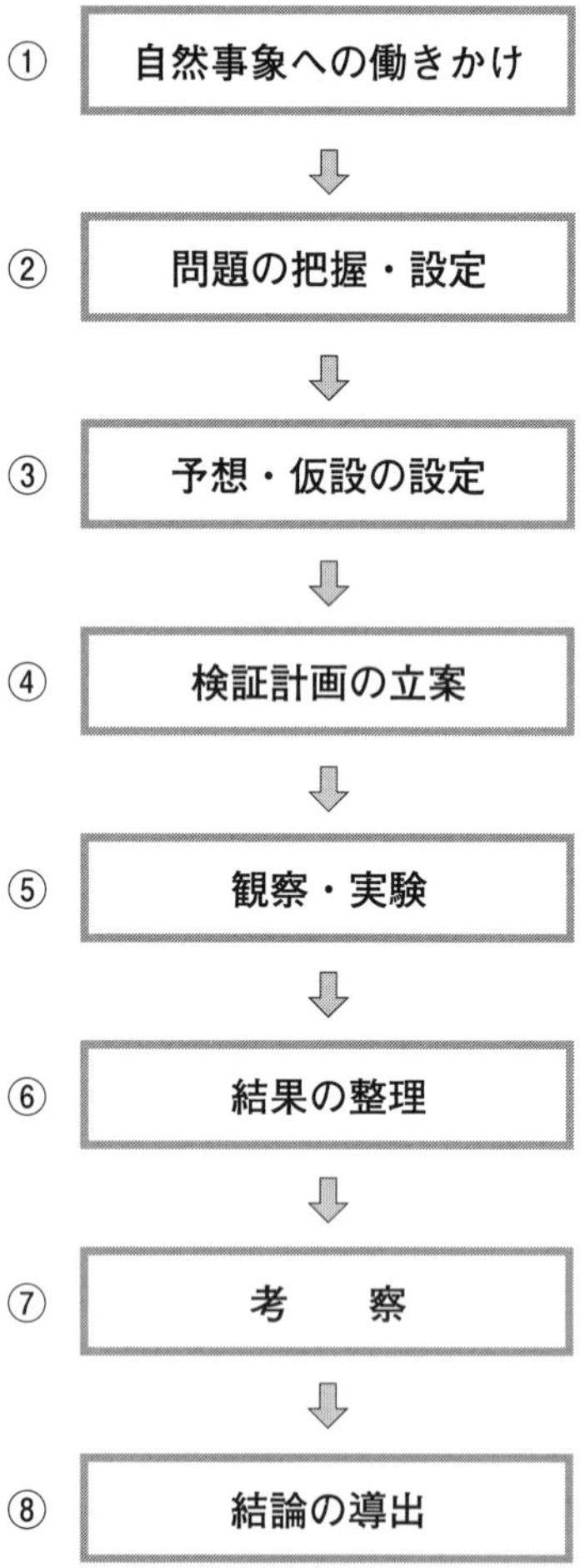

図1・1　問題解決の8つのステップ

起こされません。指導者である教師が、認知的葛藤を喚起するような具体の事象や状況、子ども自身の働きかけなどをいかに用意できるかが鍵となります。

しかし、なかなか子ども1人では、問題の把握・設定にまでいたらないことが多いのです。そうかといって、教師が問題を設定したのでは、子ども主体の問題解決が成立しません。子どもの認知的側面や心情的側面を読み取りながら、適切に教材や場を用意し、適宜働きかけることが必要となります。

ステップ2では、子どもの気付きや疑問など、子どもが対象に対峙したときに発する「声」をつないで、「問題」を設定していきます。ここでは、子どもが立てた問題が、問題文の形になっているかに配慮することが大切です。

例えば、「〜だろうか？」というように、文末に「？」（疑問符）が付く文体になっているか、よく検討しましょう。「〜しよう！」というふうに、文末に「！」（感嘆符）が付く問題をよく見かけますが、論理的に考えて、こうした問題に正対した予想・仮説は、立てられないはずです。こうしたところに気を付け、論理的に問題解決を展開することが、理科における言語活動の充実の第一歩であることを忘れてはなりません。

ステップ3では、「予想・仮説」を設定します。子どもがもつ予想・仮説は、見いだした問題に正対していることが大切です。子どもが立てる予想・仮説には、生活経験や既習事項、既有の知識などをもとにした根拠があるものが多いのです。ただ、3、4年生は言語能力や論理的思考力がまだ十分に育っていない場合があるので、根拠をうまく言語化できないことがあることに留意する必要があります。

ステップ4では、予想・仮説に基づく「観察・実験の計画」をします。その計画は、子どものもった予想・仮説を検証するものとなるように留意しましょう。

ステップ5では、「観察・実験」を実施します。観察、実験は、子どもの予想・仮説を検証するための手段です。子どもの意図的、目的的な活動となります。子どもが自然事象を観察し、実験を計画的に実施し、器具や機器などを目的に応じて工夫して扱うことができるようにしましょう。

ステップ6では、観察・実験の「結果」を整理します。観察・実験の結果は、信憑性のあるデータや事実として記録させましょう。

そして、ステップ7では、観察・実験の結果から何が言えるのか「考察」します。この考察では、子どもの科学的な見方や考え方が一層深まるように、観察・実験の結果をもとに考察し表現する学習活動を重視していきましょう。このステップ6から7の学習場面では、観察、実験の結果を表やグラフに整理し、予想・仮説と関係付けながら考察を言語化し、表現することが一層求められています。

最後に、ステップ8として「結論」を導出します。問題文のアンサーとなるように、問題文と照合させながら結論をまとめさせましょう。

問題解決の8つのステップで留意しなければならないことは、どのステップも省略してはならないということです。このステップをたどることにより、子どもは自然事象についての自分の解釈を論証していくことになるからです。この論証のプロセスを、対象や状況を変えながらたどることによって、論理的な思考力が育成されるのです。

また、このステップを子ども自身が自分の頭と身体を使って、つまり、思考と技能を伴いながら経験できるようにすることです。「予想・仮説の設定」は子どもにさせたが、「観察、実験」は教師が主導で進める、あるいは、「観察、実験」は子どもにさせたが、「考察」を省略して教師が「結論」をまとめるなどといった授業をよく見かけます。これでは、子どもに論理的な思考を育成することも、科学的な見方や考え方を養うこともできないでしょう。

問題解決の8つのステップをたどるのは、あくまでも子どもです。教師は、子どもとともにその脇を歩むのです。そのプロセスにおいては、急ぎ足になることもあるでしょうし、立ち止まることもあるでしょう。しかし、子どもを置いてきぼりにしたり、子どもだけ先に行かせたりすることがないように注意しましょう。

子どもが先に歩くのか教師が先に歩くのかは、状況によって変わるでしょう。また、子どもの発達や教師の力量によっても変わります。ここは、教師の経験の有無にかかわらず、授業における教師の「即興的判断」が求められるところです。理科の目標を念頭に置きながらも、教材を見て、子どもを見て、学級集団のうねりを感じ取って判断することが、理科の授業においては極めて重要です。

●問題解決8つのステップのバランス

「自然事象への働きかけ」からはじまる問題解決の8つのステップは、少なくとも小学校では、どれも省略してはなりません。しかし、これを均等に割って単元に位置付けるのではありません。1時間目は「問題の把握・設定」で、2時間目は「予想・仮説の設定」で、3時間目は…ということではないのです。

「問題の把握・設定」に2時間かけることもあれば、「観察・実験」から「結論」の導出まで1時間で展開することもあるでしょう。それは単元によるし、学年にもよるし、子どもの実態にもよります。もっと言えば、教師の力量にもよるのです。

教師に十分な力量やキャリアがないのに、問題設定にいくら時間をかけても、はい回るだけで、前に進まないこともあります。もちろん子ども主体に授業を展開することが大切ですが、どうも難しいと判断される場合には「こういう問題になるね」と教師が提示することがあっても仕方がないでしょう。

また、理科入門期の第3学年では、最初の「自然事象への働きかけ」や「観察・実験」といった体験活動には、十分な時間をとって指導してほしいのです。「考察」も大事なのですが、言語活動というのは抽象度が増しますから、第3学年できちんと実施するのは、発達からして難しいかもしれません。ただし、第6学年ではしっかりと実施し

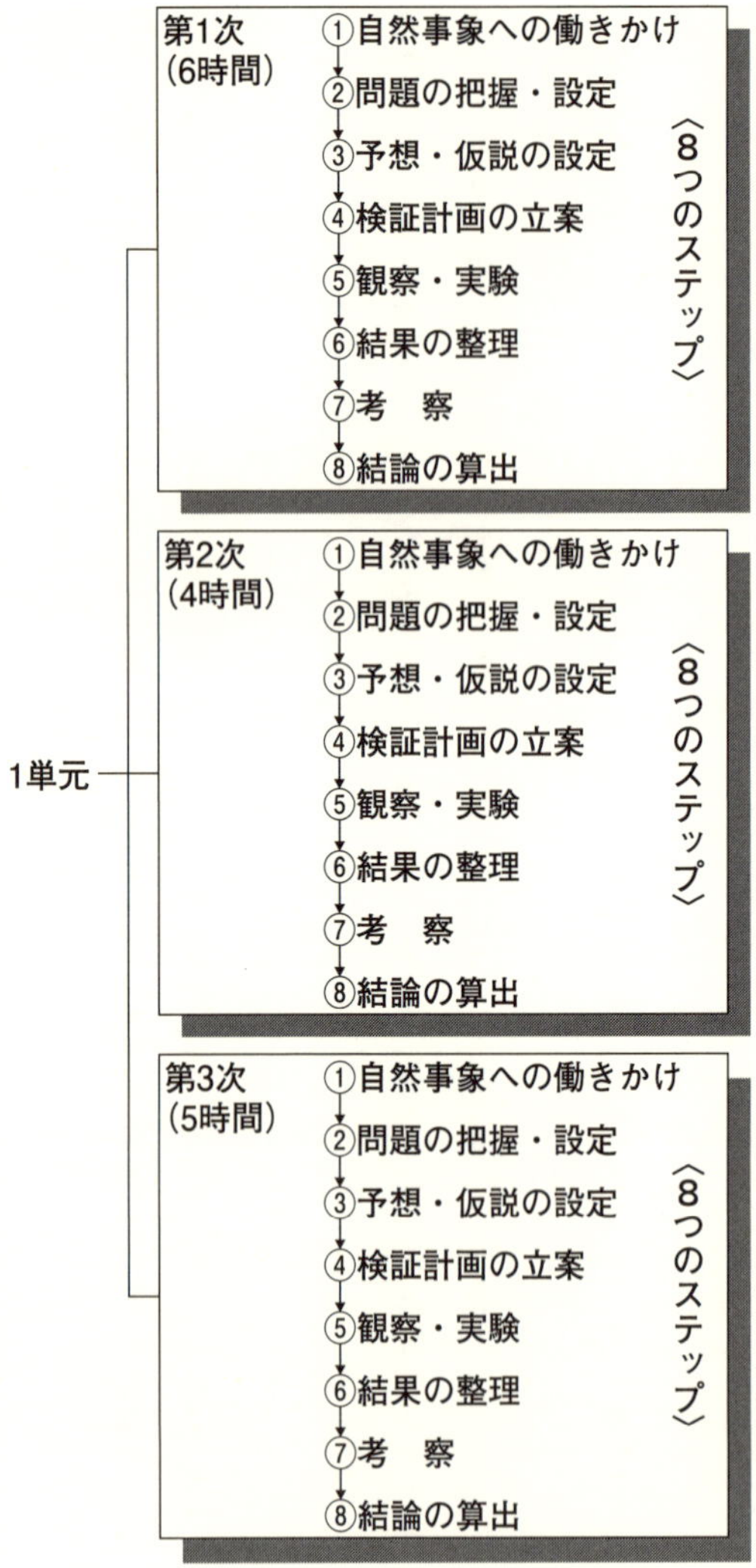

図１・２　８つのステップと単元構成

てほしいです。ここでしっかり指導しておかないと、中学校の理科につながっていかないのです。

単元のまとまりとしての「次《つぐ》」という考え方がありますが、理科の単元では、問題解決の8つのステップのひとまとまりが、1つの次《つぐ》と対応すると考えるとよいでしょう。つまり、1つの次《つぐ》の中に、8つのステップが含まれるということです。

図1・2のように、1つの次《つぐ》は6時間であったり、4時間であったりします。その中で、学習内容、子どもの実態、そして教師の力量に応じて、8つのステップのバランスを勘案して単元展開を考えるとよいでしょう。このように柔軟に考えたほうが計画は立てやすいし、すっきり展開できるのではないでしょうか。

問題解決で大切な「3つの思考」

問題解決のプロセスを通して、重要なポイントとなる「思考」が3つあります。

1つは「論理的な思考」です。予想や仮説で立てた自分の考えを、実験データなどを用いながら検証していくのです。つまり「論証」していくということです。この論証のプロセスを、対象を変えながら繰り返し経験させることによって、論理的な思考を育成することにつながります。このことについては、以前から理科教育が取り組んできたことです。

２つは「批判的な思考」、クリティカルシンキングです。何らかのデータが、あるいは誰かが意見として言ったことが、「本当にそうなのか？」と、いったんは疑ってみるということです。そこからさらなる検証がはじまります。「実験結果が出ました。はい、終わり」というのではなくて、そこから何が考えられるかということを、１人の考えだけではなく、複数で協議していくのです。

３つは「実践的な思考」です。「やってみなければ分からないよ」ということです。例えば「て

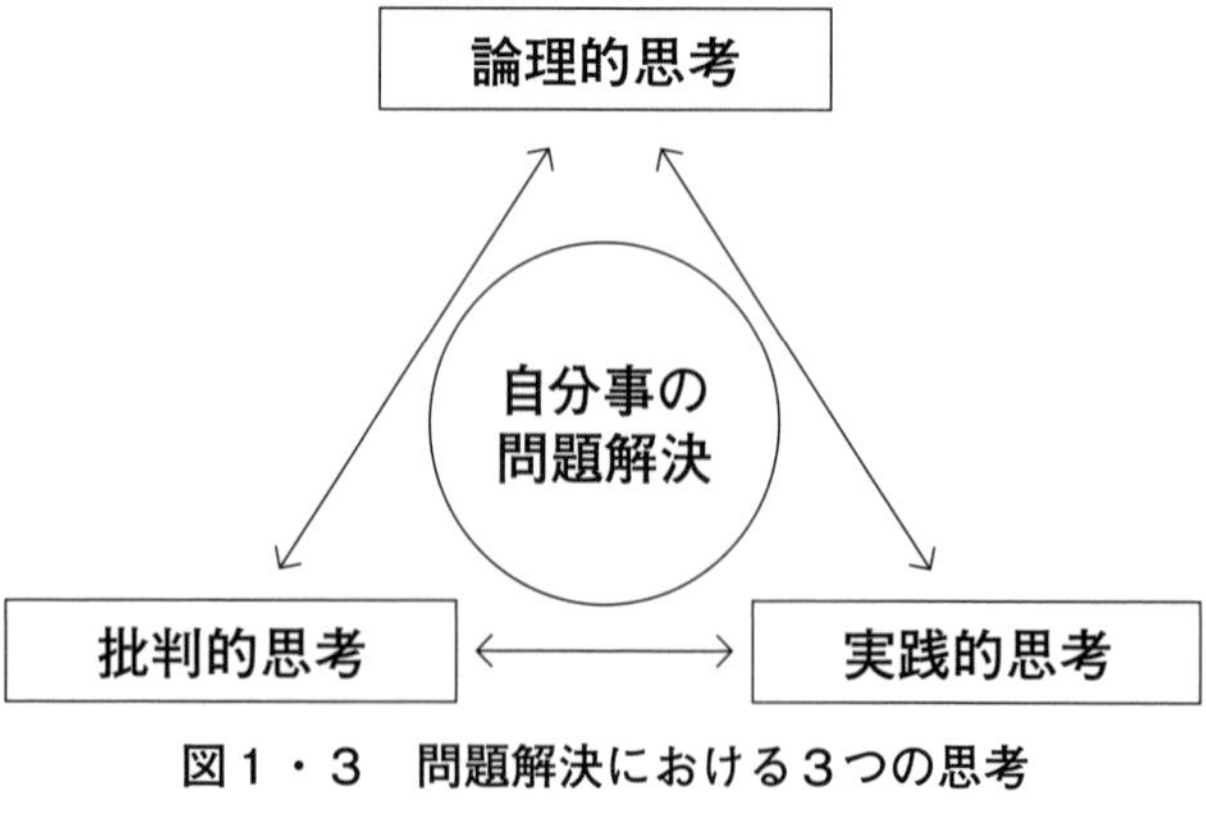

図１・３　問題解決における３つの思考

こ」は、力点、支点、作用点と分かれているけれども、てこの原理を利用した道具はどれもそんなふうになっているのかと考え、実際の事物を操作しながら、あらためてこの支点、力点、作用点を探してみるという行為と思索です。ただの知識として、頭の中だけで、科学を終わらせるのではありません。科学技術の利用につながる働きかけです。

大まかにはこの3つの思考が絡み合ったかたちで、理科における問題解決的思考はあるのではないかととらえています。

「自分事の問題解決」とは

以上の3つの思考、つまり、論理的思考、批判的思考、実践的思考を合わせて、筆者は「自分事の問題解決」として提案しています。

現代社会は情報量があまりにも多いので、今の子どもたちは、体験や思考を伴わない情報として見聞きしたことだけで物事を分かったつもりになり、鵜呑《うの》みにしてしまう傾向があります。これは非常に危険なことで、その情報の信憑性を確認する構えや態度が必要となります。そこで、自分で情報をつくるということも含めて、自分に関係があることとして情報を取り出し、そこに込められた意味を読み取り、それらを関連付ける力が必要になってきます。単なる情報としてパッケージ化された知識を中心に授業を進めるだけでは、こうした力を育てるのは難しいのではないでしょうか。

もちろん知識を習得することは大切ですが、その習得のさせ方に工夫が必要です。

例えば、第4学年「水の三態変化」の学習で「水蒸気」を学びますが、この用語は教えないと分からないのです。水でも空気でもない目に見えないものが空間にあって、それは人間のコントロールがきかないものです。どんな隙間にも入ってくる。それを「水蒸気」と言うのです。こういったことは、やはり問題解決を通して考えさせていくということが大事です。

最初から「これは水蒸気だよ」と教えるのではなく、実験して「膨らむから空気なんだ」「いや、水滴になるから水なんだ」というところから概念転換を図っていくことが大切なのです。ここでは論理的思考が求められるし、「膨らんだから空気だと言うけど、アルコールランプの火を消したらしぼむじゃないか。だから空気じゃないと思う」というような批判的思考も必要です。

そして、その水蒸気が生活の中では、例えば、水力発電のタービンなどに使われていて、私たちの生活を便利にしているというところにも着目する実践的思考が可能となるでしょう。それによって、子どもたちは自分の学習、あるいは自分の知識が「自分事」となり、学ぶことの有用性を意識するようになってくると考えられます。

2　問題設定をどうするのか

●問題を見いだすことが不得意な子ども

理科の問題解決プロセスにおいて、筆者がとりわけ重要だと考えているのは、自然の事物・現象とのかかわりの中から問題を見いだすところです。子どもはもちろん、そのことを指導する教師も、問題を設定する力が弱いのです。

もっと言えば、基本的に日本人は弱いのです。わが国は、今までは海外に追いつけ追い越せで、ある意味では外国の模倣を重視して、成功につながり経済大国になった時代もありました。

しかし、成熟期に入ったこれからの時代は、他の国と同じことをやっていても通用しないでしょう。誰もやらないようなことにチャレンジして、イノベーションを起こしていくことが求められます。このフロンティア精神をもたないかぎりは、1億数千万人の国民を幸せにできるだけの社会的資本等を手に入れることはできないでしょう。

そうしたことを考え合わせていくと、幼い頃から自分の気付きや疑問を大切にして、そこから解決すべき問題を見いだすという経験が大切になってきます。もちろん誰かの模倣をすることも一方では大切ですが、模倣ばかりで終わるのではなくて、そこから自分で考えて何かを付け加え修正し、深化・拡大していくということが必要なのです。

理科の授業を通してそうした経験をいかにして積ませていくかということは、これからの理科教育において大きなウエイトを占めてくるでしょう。

授業事例⑴：第3学年「太陽と地面の様子」

理科授業における問題の設定について、事例に即して紹介しましょう。最初は第3学年「太陽と地面の様子」の学習です。

第3学年B区分の内容は、問題の設定がとても難しいところで、だいたいは教師のほうから、「影はどんなふうに動くのだろうか？」という問題を提示してしまいがちです。つまり、子どもによる自然事象への働きかけがない場合が多いのです。B区分は実験で証明する内容が少ないということと、第3学年の発達ということを考えると難しいようです。

先日、本単元における問題の設定の場面の授業を見ました。本単元では影踏み遊びをすることから入ることが多いのですが、その実践では、まず午前11時に影踏みをします。そこで影チームが作戦を立てるのです。どこに逃げれば鬼チームにつかまらないかを話し合います。影も鬼も、動けるのはコートの範囲内と決まっていたのですが、実はその中でどういうふうに動くかによって、つかまりやすいかつかまりにくいかが決まってきます。

同様にして、午後2時にまた影踏みをすると、今度はつかまりにくいのです。つまり、影をコートの外に出すことで、つかまらないようになりました。午前11時のときにはまだ影が短くてコートの中にあったから、つかまってしまっていました。

こうして、午前中は鬼チームが有利だけど、午後は追いかけられる影チームの方が有利だということに、子どもたちは影踏みの作戦を考える中で気付いていきました。

影踏みのあとで、教師が「何か気付いたことはないですか？」と言うと、「午前と午後は影の向きが違う」「それから、影の長さも違う」と子どもたちは話し出します。「えっ、ちょっと待って。影って向きが違うの？　長さが違うの？」と教師が反応します。こうして、「影はどのように動くのだろうか？」「影は時間によって長さが変わるのだろうか？」という問題を設定していきました。

実際には、こんなにすんなりいくとはかぎりません。もちろん子ども同士の、あるいは教師と子どもとのやりとりが様々にあって、問題の設定にいたります。このときは、映像を見せて、さらに人形も用意して、影踏みの状況を再現していました。人形を使いながら、ここに影があったから逃げられたんだと、いろいろなやりとりをしていきました。

つまり、映像とモデルを使いながら、子どもたちの気付きや疑問を引き出して、最終的には、先ほどのような問題の設定にいたったのです。

●授業事例(2)：第4学年「電気の働き」

第4学年「電気の働き」の学習では、直列つなぎ、並列つなぎの内容があります。本単元では、モーターカーをつくることが多いです。モーターカーをまず乾電池1個で走らせてみて、「モーターカーをもっと速く走らせるにはどうしたらよいのだろうか」というように、比較的問題の設定が容易にできます。

筆者は、モーターカーの代わりに、プロペラを付けて扇風機をつくるという授業を見たことがあります。「もっと風を強くしたい」という問題は、モーターカーと同じように設定できます。

ところが、扇風機の場合には、もう1つ問題が設定できます。

乾電池の極を逆にすると、プロペラも逆向きに回ります。すると、涼しい扇風機とそうでない扇風機、つまり、風が来ない扇風機ができます。そこで、子どもは「あれっ？」と思います。

この場合、子どもたちが、「こうしたい」と考えたことに対して、思い通りにならない状況に陥ります。つまり、「認知的葛藤」が起こります。「何が違うんだろう？」「何が影響するんだろう?」ということに疑問をもって、電気の極に関する問題がすんなり出てきます。

3 観察・実験をどう充実させるのか

現在、言語活動の充実ということが叫ばれ、理科の授業でも言語活動に力を入れた実践が多くあります。しかし、理科の目標を意識せずにあまり行き過ぎると、国語科のような理科の授業になってしまいます。

理科では、観察・実験の時間をちゃんと取らなければなりません。実験結果がきちんと出ていないのに考察へ進もうとする授業を見かけることがあります。言語活動の充実という教育界全体の流れの中で、それを重視するあまりそもそもの目的を見失っていると思われます。

確かに科学的思考が弱いと言われています。思考というのは言語ですから、その部分をきちんと育てていくことは大切ですが、それ以前に、自然事象をしっかりと見せて、思考のもととなる体験を十分に積ませていく前提がなければ言語活動は充実しません。

授業事例(1)：第5学年「動物の誕生」

ここで紹介するのは、第5学年「動物の誕生」の学習の「水中の小さな生物」の内容です。ここに示す例は、筆者が実際に参観した授業で、よく講演でも取り上げていて、聞いている方々の多くは苦笑する話です。

水中の小さな生物を顕微鏡で見て、記録して、そこから微生物がどんな形をしているかをみんなでまとめる時間でした。子どもたちが実際に見たのは、主にミジンコです。ほかの微生物を見た子もいました。

こういった観察をする授業では、顕微鏡は1人1台用意できればよいと思うのですが、小学校ではなかなかそうなりません。いろいろ事情もあるのでしょうが、その学級では、3人に1台用意されていました。

この授業では教師が、顕微鏡の使い方と観察カードの描き方の説明に15分間もかけました。ようやく説明が終わって、いよいよ子どもが顕微鏡で微生物を見る時間になりました。しかし、その後には観察カードを並べて、発表もさせなければならないという計画だったので、顕微鏡をのぞいて観察カードにミジンコを記録する時間は1人5分間もなかったのです。

そうすると、子どもたちの観察カードにはいろいろな新種のミジンコが記録されていました。「星のカービィ」みたいな形のものとか、昆虫みたいな姿のものとか、実在しているとは考えにくいものばかりです。5分間という限られた時間で、しかも1台の顕微鏡を3人で共有するのですから、まともな観察をし、記録することはできません。観察している最中の子どもに次の子が横から「早くしろよ」と急《せ》かしていました。これではじっくり見ている余裕もありません。観察カードも、顕微鏡を見ながら記録するのではなくて、見た記憶で記録していました。

しかし、その教師は一生懸命に取り組んでいました。「観察カードに描かせなきゃいけない」「話し合わせなきゃいけない」という意識が強く働いていたのでしょう。しかし、いちばん肝心の観察をおろそかにしてしまっては、何にもなりません。

最近は、意外とこういう授業が多くあります。目的をはき違えた言語活動の充実が、とても多いのです。

筆者が授業後に、「顕微鏡は3人に1台しかないのですか?」と、その教師に尋ねたら、実際にはあると言うのです。「どうして使わせないのですか?」と問い返すと、ステージが上下したり、あるいは、筒の方が上下したりと、いろいろなタイプの顕微鏡が混在していて、子どもが混乱すると言うのです。筆者は、「先生、あなたが混乱しているのであって、子どもは混乱しないでしょう」と言いました。

子どもたちは、家へ帰ればもっと操作が難しいもの、例えばゲームとかやっているではないですか。あるボタンを押しながら別のボタンを同時に2回3回押さなきゃいけないとか、ゲーム機の操作の方がはるかに複雑です。「それに比べればずいぶん簡単でしょう」と言うと、「あっ、そうですね。確かに」と答えていました。

顕微鏡の種類は多少違っても、子どもたちに「教科書を参考にして、自分で試してみてごらん。グループで相談してやってごらん」と言って、全員に1台ずつ渡した方がずっとよいと思います。小学校の教師は、理科の授業の心得として実験、観察をしっかりさせるということを考えてほしいのです。

子どもたちは、観察をしっかりとできればしっかり記録として描きます。ミジンコをビーカーに入れて肉眼で見たときは、ごみ粒みたいなものが動いているだけです。「何か動いている。動いているから生きているのかな?」というくらいの意識です。

それが顕微鏡を通して見たら、何か目みたいなのもあるし、手みたいなのもある。動いているし、何か食べている。「あっ、こんなところにも命があるんだ」と、心を躍らせます。そうしたところまで子どもの意識はつながるのに、1人たった1分間程度の観察では、生命尊重まではとてもたどり着けません。それどころか、この場合は子どもたちの人間関係が悪くなるだけかもしれません。

授業事例(2):第4学年「月と星」

観察が難しい単元としては、第4学年「月と星」の学習があります。子どもたちが家庭学習でそれぞれ月の観察、星の観察をするので、何らかの指導の手だてが必要です。

自宅で観察した事実をもとに、プラネタリウムに行ってその事実を確認し共有化しようということを試みた授業を参観したことがあります。

同じ内容の授業を1回目に見たときには、どこの学校でも使用している観察カードを利用して、自宅で観察した事実を記録させていました。それをもとにプラネタリウムで授業をしたのです。そうしたら子どもは、プラネタリウムでペンライトを使って、「だいたいあのあたりに月が出る」と発表していました。その発表の内容が漠然としているのです。筆者は、それをよい授業だと思いませんでした。

その地域で観察したことを再現するためにプラネタリウムを使用しているのですから、もう少し観察した事実をしっかりと再現できないといけないと考えました。多少ずれるのはもちろんしかたがないのですが、プラネタリウムでは、それなりの精度で「あそこに月を見ました」と言えなくてはなりません。

そのような助言をしたら、その教師は考えて、次の機会の授業では、観察カードに結果を記録させるのをやめました。その代わりに、水中眼鏡みたいに、箱を子どもの顔に付けさせることを考えました。その箱の先に、プラスチックの板を張り、それに直接、観察した建物などをマジックで描かせ、観察した月を記録させていました。

そうしたら、子どもの観察と発表の内容が変わりました。「あそこから月が出た」あるいは「あそこから出たに違いない」と、精度を上げた発表になりました。子どもは記録が確かですから、自分の経験に基づいて、再現して言えるのです。教師が「正確に言いなさい」と言わなくても、正確に言えるのです。観察をしっかりとすることによって、その後の発表が精緻になるということを実感しました。

4 データの信憑性をいかにして高めるのか

●データから考えをつくる

理科という教科は、データをつくる側面をもった教科です。ほかの教科や領域において、データをつくるということはあまりありません。例えば、社会科は、つくられたデータやグラフを読み取ったり、他者から得た情報をもとに考えることが多いのではないでしょうか。

ところが理科では、自然の事物・現象から子ども自身がいろいろなデータをつくります。例えば、「葉が大きい」というのではなく、「葉の縦が何センチメートル、横が何センチメートル」というデータを、子ども自身がつくって、それから何が言えるかということを考察するのです。

事実をとらえ、データをつくるのが理科です。そのデータに基づいて、自然の事物・現象のきまりや法則性がどうなっているのかを解明していくのです。

そうであるなら、もっと信憑性のあるデータをつくる必要があるでしょう。理科ではデータをつくることに全力を尽くしていく子どもを育てていきたいものです。データを見つめ考察し、そこから新たな知を構築するということが大切です。

だからこそ、確かな「観察・実験の技能」が必要なのです。観察・実験がいい加減だと、データもいい加減になります。子ども自身は一生懸命やっているつもりでも、結果としてはおろそかなものになることもあります。たった1回の実験で1つのデータを出して、それを考察することでは不十分です。

科学の世界では、何度も何度も実験を繰り返して、反証があれば何とかそれをクリアしようとして、また考察して改善することが求められます。そういった部分を、可能なかぎり理科授業の中に取り入れるべきだと考えています。

●授業事例：第5学年「電流の働き」

第5学年「電流の働き」の学習における電磁石の実験では、条件制御の考え方及び実行について学習します。

ある授業で、「巻き数を変えれば電磁石は強くなるだろう」という予想のもとに、100回巻きと200回巻きと条件を変え、エナメル線の長さ、電源装置、巻き方など、巻き数以外の条件は変えないという実験をしました。

その授業では、100巻きではクリップが10個付いて、200回巻きではクリップが11個付いたグループがありました。そこから、「だから、200回巻きの方が強い」という結論をまとめました。一見何もおかしなところがないように思えます。しかし、100巻きでクリップ10個、200回巻きでクリップ11個という実験結果です。このまで結論を出してよいのかということです。ここで、「あれっ？　おかしいぞ」と批判的に考える子どもたちに育ててほしいのです。

最初から「200回巻きの方が強い」と知っているから、「実験をしなくても結果についは分かっている」と思っているから、たった1個の違いでも、自分たちにとって都合のよい結論を出してしまうのです。これは怖いことで、事実から考えていない、データの信憑性を考慮していないということです。

確かに論理的に考えると妥当なのかもしれないけれど、もう少し批判的に考えさせていかないといけません。巻き数は倍ですから、そこから考えたら20個付くと思うのではないでしょうか。そこで立ち止まらずに、結果を鵜呑みにして通り過ぎてしまう子どもたちは、問題解決が何と他人事になってしまっていることでしょうか。だから、筆者は「自分事」を主張しているのです。

では、どうすればよいでしょうか。筆者は、「最低でも5回試行させなさい。それを記録させなさい」と助言しました。ここでは、本当は12回試行させてほしいのです。12回試行したって実験には5分もかかりません。クリップを付けたら電源を外して、また電源を入れてクリップを付ければよいのですから。それで12回データを出して、上と下のデータを切る。10回分を足し合わせた数値に小数点を付ければ平均になります。

算数科より理科で平均が先に出てくるので指導しづらいとか、算数科でまだ習ってないのに教えてよいのかとか、よく意見や質問が出ます。しかし、3回で終わると、平均を出すのが大変です。教師のちょっとした工夫でいろいろ解決できるのです。そういったことを考えて、子どもの能力を引き出してほしいのです。

5 「理科は役に立つ」という意識を向上させるには

●日常生活への橋渡しをする

学力調査に伴う各種の子どもの意識調査から、子どもたちは「理科は好きなんだけれども、役に立たない」と考えている実態が浮かび上がっています。「自分の日常生活や将来を見据えたら、別に理科なんて大事だと思わない」というような子どものつぶやきや本音が、データとして示されているのです。筆者はこの状態を何としても打破していく必要があると考えています。

それには、やはり理科で学習した内容と、日常生活や実際の自然の事象との橋渡しをすることが必要でしょう。例えば第6学年「てこの規則性」の学習では、「支点、力点、作用点」を身近なものからたくさん見つけていく活動を取り入れるのです。

ある授業では、教師が自転車を教室に持ってきて、「この中にてこがあるか、みんなで探してみよう」ということで、支点を赤シール、力点を青シール、作用点を黄色シールと決めて、子どもたちは自転車にどんどん貼っていきました。そうしたら、数え切れないほどシールが貼られました。「先生、自転車にてこはいくつあるのですか？」と子どもが質問したら、教師も答えられません。よくよくたどっていくと、子どもがタイヤが作用点になることに気が付きました。ペダルをこいでチェーンを回して、それで最終的にはそれが力となって働いていることが分かったのです。これには子どもたちは大いに驚いていました。

あるところは支点になったり、あるところは作用点になっているのだけれど力点になったりして、絡み合っていました。つまり、道具で考えるということは、どこが支点だから正解だとか間違っているとか、そういうことではないのです。見方によっては同じところが別のものにもなるという世界を子どもたちが自らとらえたという点で、筆者はすごくおもしろい授業だと思いました。この授業に正解はないのです。

知識を活用させると言いながら、実際には教師が与えたクイズ的な課題で考えさせている授業が多くないでしょうか。もっと実社会や実生活のことを見て考えていくのも大事なのではないかと考えています。子どもは、こうしたことから、理科を学ぶ意義や有用性をとらえるのではないでしょうか。

●授業事例(1)：第6学年「水溶液の性質」

第6学年「水溶液の性質」の学習では、リトマス試験紙を使いながら、酸性、中性、アルカリ性について学ぶ内容があります。パックテストやＢＴＢ溶液なども使います。実際には、子どもたちの身の回りには、単なる酸性、アルカリ性といった純性のものは少ないのです。弱酸性とか弱アルカリ性とか、そういうものが多いです。こういうことも、筆者は授業の中に取り入れていってよいのではないかと思っています。

必ずしも酸性、アルカリ性に分けきれないかもしれませんが、自分たちが身に付けた知識を使いながら、実際のものを見て考えていこうということです。しかもそれをラベルを見るだけで終わるのではなくて、対象そのものに疑問をもち、解釈するということが大切なのです。

例えば、洗剤には、風呂を洗う洗剤と食器を洗う洗剤があります。それぞれの用途に応じて薬品が配合されつくられています。そういったことに着目して、きれいな答えが出なくてもそれらを見ていくことが大切です。

この授業では、子どもたちが水溶液と思えるありとあらゆるものの液性について確認していきました。スポーツ飲料やお茶などいろいろなものを用意して、1人1実験で調べていきました。

黒板には子ども全員の名前とすべての水溶液の名前のマトリクス表がかかれ、子どもが自分で調べた水溶液について、その液性に応じて色分けしていきました。それを見て、子どもたちは、「ああ、なるほど」と納得していきました。

●授業事例(2)：第6学年「植物の水の通り道」

次は第6学年「植物の水の通り道」の学習の授業です。ここでは、水の通り道（導管）が植物の体の中にあるということを学習します。だいたいはホウセンカを使って、赤い食紅を入れた水に差して水を吸収させ、途中の茎や葉を切って調べます。

こういった学習の後に、教師がバラを持ってきました。この教師が「バラっていえば何色?」と尋ねると、子どもたちは、白とか黄色とか赤とか言いました。

そこで「先生ね、珍しいバラを見つけたんだよ」と言って教師が見せたバラは、花びらが青と赤に分かれているんです。子どもは「ええっ?!」と声を上げました。「こんなバラを見たことある? 実はこれは先生がつくったんだ。どうやってつくったと思う?」となって、子どもたちは一生懸命考えました。

この教師は、そのバラを子どもたちに渡して、「よく見て調べてごらん。壊してみてもいいよ」と言いました。そこで子どもたちが葉っぱを切ってみると、青い葉っぱと赤い葉っぱに分かれているし、花びらもよくよく見ると、青と赤に分かれていました。「下から吸った水が、水の通り道を通ったからだ。つまり、導管がつながっているからだ」と解釈している子がいました。「あっ、分かった。先生、分かった。茎を分けて水に浸けたんだ」。

「じゃあ、みんなもやってみようか」といって、こうした予想をもとに実験してみました。ひと晩おいた次の日、ものの見事にバラの花の色が分かれていました。これはまさに子どもにとっては驚きです。こんなバラは見たことないのです。しかし、それを実現できたときには、「できた！　やっぱりそうだった」と喜びました。まさにこれは、筆者が提案している「実践的思考」です。

さて、子どもはこの次に何をしたのでしょうか。「最初は赤で、次に青にして、最後は白にしたい」ということになりました。これは子どもならではの発想です。最初に赤い水に漬けておいて赤くなった花を、次は青い花に、最後には白い花にしたいと言うのです。「じゃあ、家でやってごらん」と教師は言いました。

あのときの子どもたちの食いつきのよさは、理科の勉強ができるとか、自然に詳しいとか、そういうことは問題ではなく、目の前の事象をどう解釈するかということが勝負でした。まさに今さかんに言われている、「活用」に着目した授業です。

物事を考える際には、形式や枠組みがあるとやりやすいものですが、あまりにも形式化し過ぎると、子どもたちは考えなくなるのです。理科における言語活動の充実とは、キーワードを与えるとか、キーセンテンスを言わせるとかいうことではないのです。それればかりに拘泥すると、それに縛られてしまって、子どもは目の前の事象を見たりそこから考えたりできなくなるのです。

だから、自然事象をどうとらえさせるかというところにシフトしていくことが、理科では大事なのです。そこで解釈したことをどう表現するかという知識やスキル、例えば順序化、重点化、時系列、因果関係を言語でとらえるといったことは、もっと国語科の授業の中で育成してほしいのです。そうしていかないと、理科の実験・観察の時間が、言語活動のためにどんどん削られていくという本末転倒が起こります。言語活動は、理科でももちろん取り上げますが、まずは国語科の時間を中心に、しっかり指導するべきではないでしょうか。

6 「自分事の問題解決」にするために

「自分事の問題解決」にするために、いちばん決め手となるのは、「問題の設定」です。そこでは、原則として、教師が一方的に問題を提示してはならないということです。子どもが何らかの事象に働きかける、例えば第3学年「磁石の性質」の学習では、磁石を持たせて付けさせてみるのです。そうした働きかけや、経験や既習事項の想起などで、子ども自らが問題を見いだすということにつながります。

「発芽の条件に何が必要だろうか？」という問題に対して、子どもは「水」と予想します。それは子どもの経験からきているのです。「植物を育てるには水が必要である」ということは、幼児のころから花に水をあげるなどの体験を通して知っていますから、「水」という予想がすんなりと出てくるのです。ですから、そこのところまでをどうお膳立てするかが鍵になります。子どもの学習前にもっている見方や考え方、経験などを起点としていきます。そうしないと「問題設定」ができないと考えています。

そうした考えをもとにしながら、それと少しズレている事象をどれだけ用意できるかです。そうすると、子どもはそこに気付きや疑問をもち、いくつかの問題点が浮き彫りになってきます。それを集団で協議し集約・類型化することによって、みんなで追究する問題になってくるということです。

授業で子どもが何を言うかを、ある程度は教師が想定しておかないと、授業は混乱し紛糾することが多くなります。

ここで悪いパターンを2つ紹介します。1つは、子どもの言ったことを教師が全部切ってしまうのです。子どもに言わせるだけ言わせておいて、最後は教師が考えている方向にもって行く、あるいは、教師から問題を提示したりまとめたりするパターンです。

2つは、教師がかかわらないで子どもの言うがままに、問題設定の方向性を見いだせない授業です。次の時間は、何もなかったように問題を提示します。こういったことを繰り返していても、子どもの思考力は育たないでしょう。子どもの中で何もつながっていないのですから、子ども自ら問題を見いだしたことになりません。

「問題の設定」でポイントとなるのは、やはり、「教材」でしょう。第3学年「磁石の性質」の学習で、いきなり磁石を渡して、「教室の好きなところに付けてごらん」という教師が多いのです。準備する時間がないということがあるかもしれませんが、あまり好ましくありません。これではなかなか問題を見いだせないのです。やはり教師が意図的に付ける物を用意しないといけません。例えば鉄のクリップとプラスチックのクリップ、鉄のはしと割りばし、そういったものを考えて用意するのです。ある授業では、金紙と銀紙を用意していました。これは磁石には付かないのですが、豆電球に電気を流すと電気は付くのです。

それから、スチール缶とアルミ缶も用意していました。「空き缶は付く」「付かない」と、子どもの意見は分かれます。はさみも同様です。柄の部分がプラスチックのはさみがあります。これについて、はさみが磁石に「付く」という子と「付かない」という子が出てきます。このように、少しずつ少しずつ子どもたちの問題意識を焦点化して問題をつくっていくのです。

問題の設定の上手な教師は、その後の問題解決にも熟達しています。教材を用意したのは教師かもしれないけれども、子どもはこれにかかわることによって、事象に働きかけ、自分の意思で取り組み、問題をもつようになります。これこそは子どもが主役の問題解決なのではないでしょうか。このように取り組むと、理科の授業はうまくいくでしょう。

例えば、「好きなところに付けてごらん」と言っておいて、子どもがいろいろなところに付けて、それでいろいろな言葉が教師の予想外に出てきてしまって、「それは違う」「それは合っている」「惜しい」などと教師が言う授業は、教師の求める正解に導かれるだけの、子どもが脇役の問題解決です。

問題解決の主役は子どもであるという意識を、教師の構えとして常日頃からもっていることが大事であると、筆者は考えています。

〈参考文献〉

村山哲哉　小学校理科「問題解決」８つのステップ　東洋館出版社　２０１３年

【第2章】学力調査にみる理科教育の成果と課題

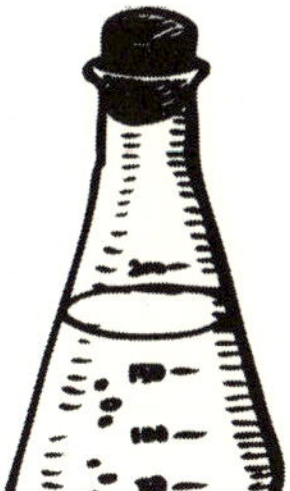

学力について議論する際によく話題にのぼる、国内外の学力調査は、だいたい5つあります。国際調査としては「ＰＩＳＡ調査」と「ＴＩＭＳＳ調査」の2つ、国内調査としては「全国学力・学習状況調査」と「教育課程実施状況調査」（10年に1回程度）、それから、「特定課題に関する調査」（不定期）の3つがあります。

本章では、これらの学力調査から、理科に関わる話題を取り上げて、これまでの理科教育の成果と、これから取り組むべき課題について考えてみたいと思います。

1 全国学力・学習状況調査（小学校理科）

●知識と活用を一体化して問う

全国の小学校教師がもっとも意識しているのは、平成19年度からはじまった「全国学力・学習状況調査」ではないでしょうか。

この調査問題には、「知識」（A問題）と「活用」（B問題）という大きな枠組があります。国語科、算数科が先行していて、平成24年度は理科がプラスされました。その背

景としては、

(1)「知識基盤社会」において、次代を担う科学技術人材の育成がますます重要な課題となっており、新学習指導要領においては、国際的な通用性、内容の系統性の観点から理数教育の授業時数及び教育内容の充実が図られたところであること

(2)「理科」については、新学習指導要領において、科学的な見方や考え方の育成、科学的な思考力、表現力の育成、科学を学ぶ意義や有用性を実感させ科学への関心を高めることなどの観点から充実が図られており、その方向に沿った学習指導の充実が求められていること

(3)　子ども・生徒の「理科離れ現象」が指摘されていることを踏まえ、学力や関心・意欲・態度など学習状況を把握・分析し、実態の把握や課題の改善に向けた取組につなげていくことが必要であること

(4)　政府の新成長戦略において、「国際的な学習到達度調査において日本がトップレベルの順位となることを目指す」とされ、具体的な目標も示されていることから、その実現のため、ＴＩＭＳＳ調査の「理科」、ＰＩＳＡ調査の「科学的リテラシ

ー」と関係が深い「理科」を対象教科とすることは有意義であること

などがあります。

理科の問題作成にあたって、理科だけが独自の考え方で枠組をつくって調査するということはできないというのが大前提でしたので、国語科、算数科の枠組は踏襲しつつも、理科の場合は、A問題、B問題というように2冊子に分けるのではなく、知識と活用を一体化して問う問題構成にしました。

その理由は2つあります。1つは、国語科や算数科と違って、理科は実施時間が1時間しかなかったという時間的な側面です。

もう1つは、理科の教科特性に関わることで、理科は問題解決を通して知識を獲得する教科であるという内容的な側面です。A問題、B問題と分けて問うことによって、筆者は理科の授業が変質してしまうかもしれないと考えました。A問題だけでも正答できる子どもにしようということで、知識暗記型、反復習得型の理科になる恐れがあるかもしれない。そうした事態を避けるために、知識と活用の一体型にしたのです。

つまり、調査問題の構成として、問題解決のプロセスに埋め込んで、知識や技能の習得状況を測り、それらの知識や技能を問題解決に活用できるかどうかをみる問題として作成しました。そうした基本方針を最初に決めて、実際に各問題を作成していったのです。

これは、問題作成の途中で迷ったり、ぶれたり、訳が分からなくなったりしたときに、常に立ち返ることができる枠組や方針をある程度決めておく必要があると判断したからです。理科の場合、それが知識と活用の一体化でした。知識を脈絡なく問うのではなくて、文脈に埋め込んで問う。つまり、それが理科の授業である、というメッセージも込めてあるのです。

「活用」をどうとらえるか

知識や技能をどのように活用するかについては、様々な考え方があるでしょう。「活用する力」とは、理科の学習で学んだ自然の事物・現象の性質や働き、規則性などが実際の自然の中で成り立っていることに気付いたり、日常生活の中で役立てられていることを確かめたりする力です。つまり、実際の自然や日常生活などといった他の場面や他の文脈において、学習で身に付けた知識や技能を働かせる力です。

ここで意識しなければならないことは、内容にとらわれず有効に機能する力、つまり、汎用性のある力の育成です。小学校理科では、問題解決の能力として、「比較する」「関係付ける」「条件を制御する」「推論する」といった力を学年に応じて規定し、その育成に重点を置いています。これらは、問題解決の基礎的な能力と言ってよいでしょう。

今回の全国学力・学習状況調査では、活用する力を考えるうえで、問題解決の基礎的な能力を基盤としながら、汎用性のある問題解決の能力として、「適用する」「分析する」「構想する」「改善する」力を提案しました。

「適用する」力とは、理科で学んだ自然の事物・現象の性質や働き、規則性などに関する知識や技能を、実際の自然や日常生活に当てはめて用いることができる力です。場面や文脈が違っても事象を正確に理解し、それを自分の知識や経験と結び付けて解釈できることです。

次に、「分析する」力とは、自然の事物・現象に関する様々な情報や観察、実験の結果などについて、その要因や根拠を考察し、説明することができる力です。視点をもって対象をとらえ、その視点に応じて対象から情報を取り出し、原因と結果などの関係で考察できることです。

そして、「構想する」力とは、身に付けた知識や技能を用いて、他の場面や他の文脈において、問題点を把握し、解決の方法を構想したり、問題の解決を想定したりすることができる力です。それは、とらえた事象について問題を明確にもち、変化したり制御したりすべき変数は何か、どうすれば適切なデータが得られるかなど、解決に向けた方略をもつことができることです。

最後に、「改善する」力は、身に付けた知識や技能を用いて、自分の考えを証拠や理由に立脚しながら主張したり、他者の考えを認識し、多様な観点からその妥当性や信頼性を吟味したりすることなどにより、批判的に考察し、自分の考えを改善できる力です。自分の考えと他者の考えの違いをとらえ、異なる視点から自分の考えを見直したり振り返ったりすることにより、多面的に考察し、より妥当な考えをつくりだしていくことです。

こうした視点も踏まえて、「活用」に関わる問題は作成されました。

●学習内容の系統性を意識する

問題作成に当たって、次に意識したことは、学習内容の系統性です。具体的な問題で説明しましょう。

大問[1]（図2・1、60〜64ページ）は、物質に関する問題ですが、氷砂糖を素材にして、その重さや溶け方を調べるという文脈の中で、小問⑴と⑵は「質量保存」について問う問題です。第3学年の「物と重さ」、第5学年の「物の溶け方」の学習では、

・物は、形を変えても重さは変わらない

・物は、水に溶けても重さは変わらない

といった内容を扱います。その定着状況を測りました。

小問⑶と⑷は、第5学年「物の溶け方」の学習で扱う「水溶液の均質性」の概念を理解できているかどうか、日常生活に適用して考えることができるかどうかを見ています。

このように、今回の学習指導要領で整理した学習内容の系統性を非常に意識した問題もあります。小学校、中学校の学習内容を系統的に整理した一覧表が、それぞれ学習指導要領の解説書に載っています。また、文部科学省作成の『小学校理科の観察、実験の

手引き』には、高等学校までを含めた系統性の一覧が出ています。その基本的な考え方としては、理科で学習する内容については、なるべく子どもたちの身近なところ、具体的なところから、学年が上がるほど抽象的なところへ、時間的・空間的な広がりや深まりがあるほうへ、という方向性をもっています。

これはこれまでにない画期的なことで、系統性を踏まえて、小中の連携、中高の連携を図っていくことをねらいとしています。小学校は小学校、中学校は中学校と分けて考えないということです。

やはり指導者である教師は、目の前の子どもたちが、これまでにどういったことを学習してきているのか、習得できているのかどうかということと、これからどういう学習をしていくのかということを把握しておくべきでしょう。換言すれば、既習事項を生かして授業を展開していくということです。学校段階を超えて、それがスムーズにつながるような構造化を図ったことは、今回の学習指導要領の改訂の大きな特徴となっています。

従前から、こうした系統性の整理をしたかったのですが、なかなか実現できませんで

1 よし子さんは，氷砂糖《こおりざとう》を使って，その重さやとけ方について調べました。

(1) 下の図のように，氷砂糖｜個とビニルぶくろの重さをはかると，22g でした。次に，水にとかしやすくするため，氷砂糖をビニルぶくろに入れて細かく割《わ》りました。そして，もう一度全体の重さをはかりました。

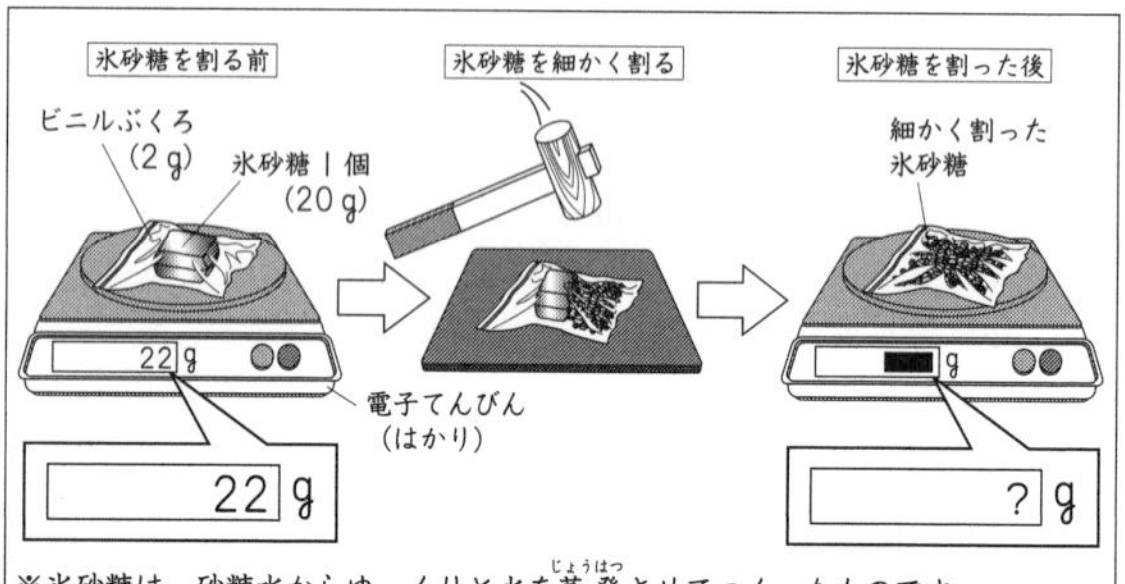

※氷砂糖は，砂糖水からゆっくりと水を蒸発《じょうはつ》させてつくったものです。

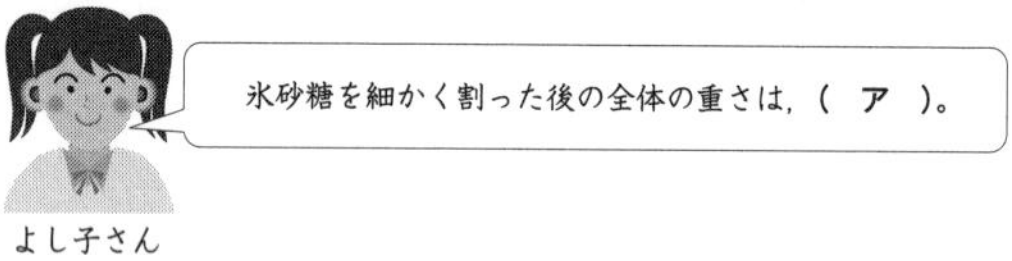

よし子さんの言葉の（ ア ）の中に当てはまるものを，下の **1** から **4** までの中から｜つ選んで，その番号を書きましょう。

1 22gより軽くなっていました
2 22gと変わっていませんでした
3 22gより重くなっていました
4 ビニルぶくろの重さだけになっていました

図2・1 平成24年度全国学力・学習状況調査（小学校理科）大問1物質に関する問題(出典：国立教育政策研究所)

(2) 下の図のように，(1)で細かく割った氷砂糖と水 100 mℓ の入った入れ物の重さをはかると，192 g でした。次に，細かく割った氷砂糖を水に入れて，よくふってすべてとかしました。そして，もう一度全体の重さをはかりました。

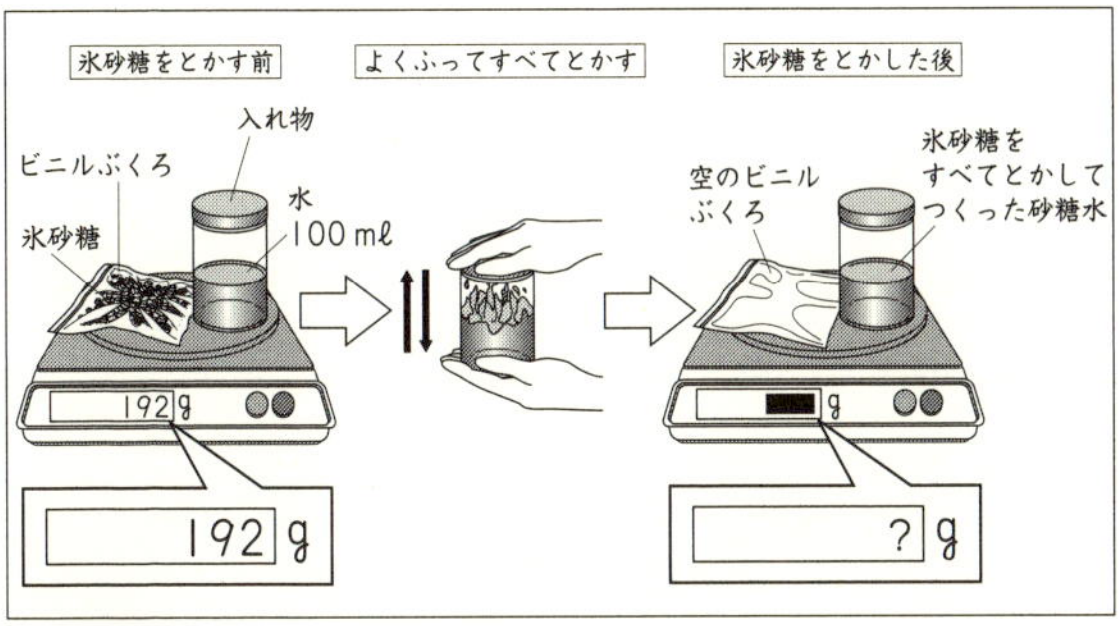

氷砂糖をとかした後の全体の重さは，（　イ　）。

よし子さん

よし子さんの言葉の（　イ　）の中に当てはまるものを，下の **1** から **4** までの中から 1 つ選んで，その番号を書きましょう。

1　192 g より軽くなっていました
2　192 g と変わっていませんでした
3　192 g より重くなっていました
4　ビニルぶくろと入れ物と水 100 mℓ の重さだけになっていました

(3)　よし子さんは，(2)でつくった砂糖水を１日おき，とけている氷砂糖のようすについて，下のように考えました。

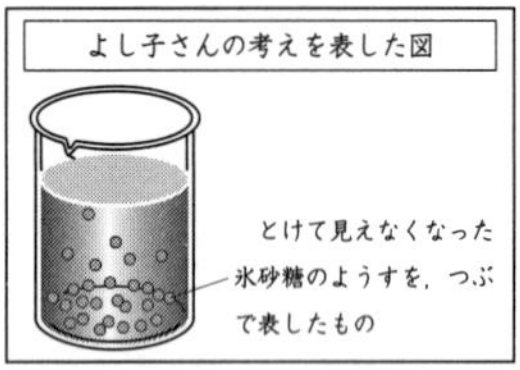
よし子さんの考えを表した図
とけて見えなくなった
氷砂糖のようすを，つぶ
で表したもの

とけている氷砂糖は，
下にしずむと思うので，
下の方が一番こく，上
にいくほどだんだんう
すくなると考えます。
よし子さん

よし子さんは，自分の考えを確かめるために，下のように実験を行いました。

実験方法		
１　スポイトで上の方，中の方，下の方のちがう高さから，混ぜないようにゆっくりと同じ量の砂糖水をとる。	２　同じ量の砂糖水を，スライドガラスにのせる。	３　水を自然に蒸発させ，出てきた砂糖の量を比べる。

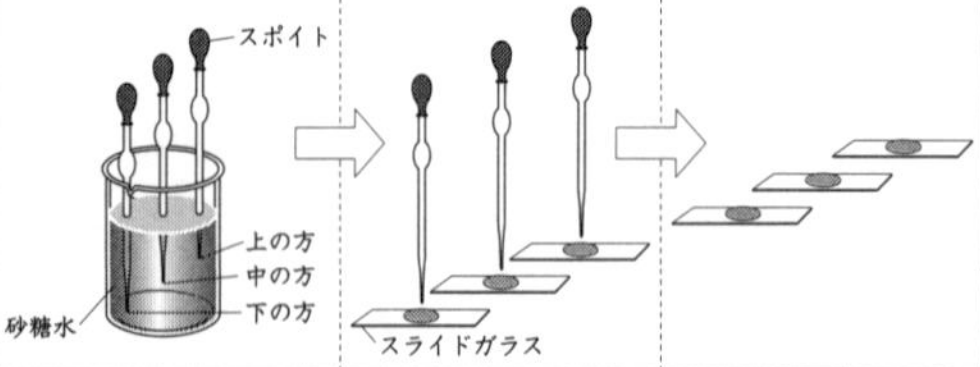
スポイト
上の方
中の方
下の方
砂糖水
スライドガラス

実験結果

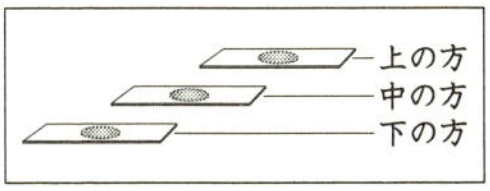

水を蒸発させると，どれからも同じ量の砂糖が出てきました。

上の実験結果から，とけている氷砂糖のようすを表した図はどれですか。下の **1** から **4** までの中から１つ選んで，その番号を書きましょう。また，その番号を選んだわけを書きましょう。

1

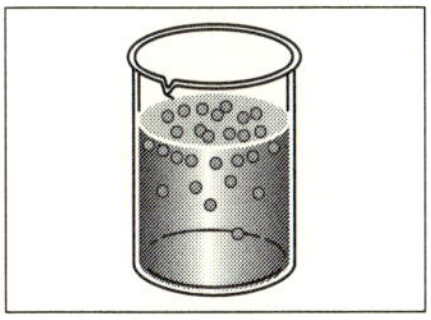

2

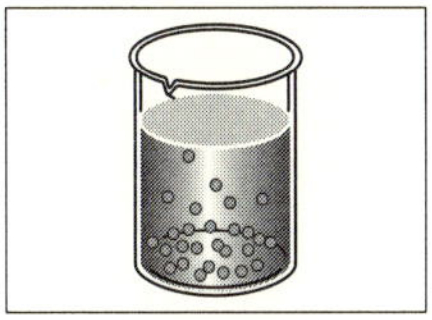

3

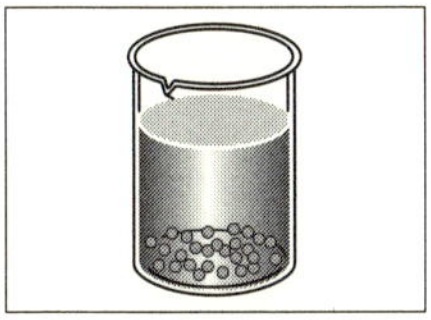

4

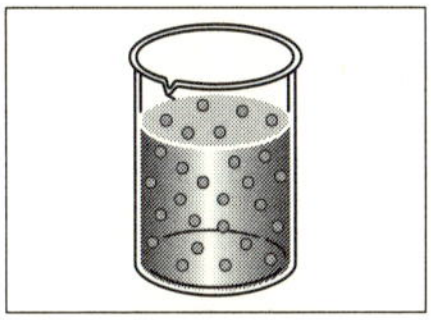

(4)　よし子さんは，氷砂糖を使って梅ジュースをつくりました。

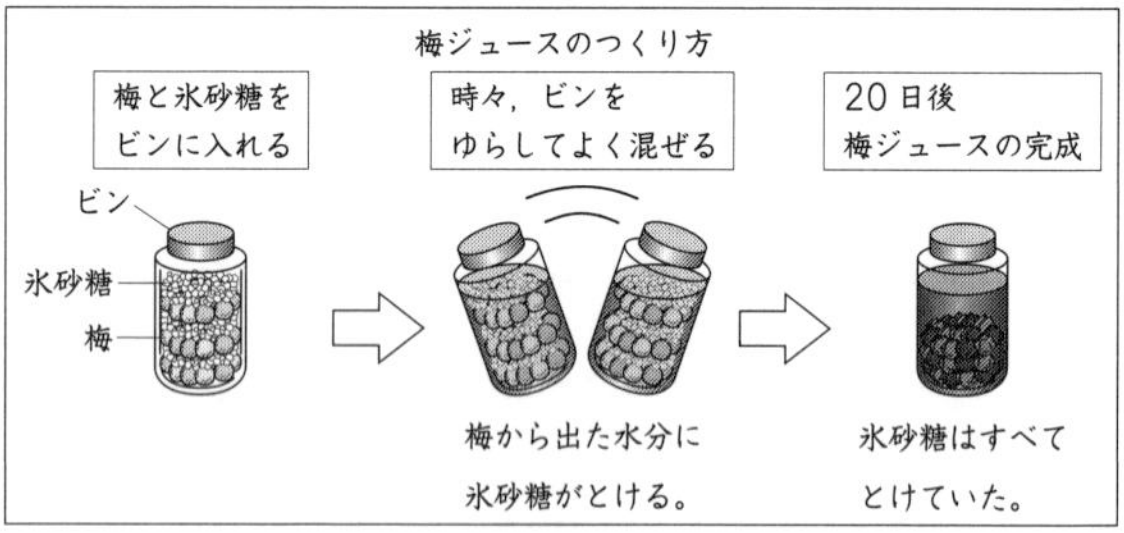
梅ジュースのつくり方
梅と氷砂糖をビンに入れる
時々，ビンをゆらしてよく混ぜる
20日後
梅ジュースの完成
ビン
氷砂糖
梅
梅から出た水分に氷砂糖がとける。
氷砂糖はすべてとけていた。

よし子さんは，完成した梅ジュースの上の方をすくい，味見をします。

梅ジュースにとけている**砂糖のこさ**を，説明しているものはどれですか。下の **1** から **4** までの中から1つ選んで，その番号を書きましょう。

1　上の方の砂糖のこさは，下の方よりもうすい。
2　上の方の砂糖のこさは，下の方よりもこい。
3　上の方の砂糖のこさは，下の方と同じ。
4　上の方は，砂糖がとけていない。

した。なぜなら、理科の時間数、学習内容自体が少なかったからです。それなりに学習内容がないと、しっかりとした系統化が図れません。内容を増やすためには時間数の確保が必要です。それが今回は実現できたということです。

とはいえ、まだまだ系統性の一覧で内容として埋まっていないところがありますし、正直に言えば、部分的には少し無理があるところもあるかと思います。系統化を図るために、学習指導要領の内容を一から組み直すということも考えられますが、それでは現場で指導する教師の大きな負担となってしまいます。

ですから、小学校理科は、6つの新内容を入れることをメインにし、あとはサブ的な内容を入れるにとどめました。あまり変更し過ぎては学校現場が混乱し、指導者の理科に対する苦手意識がますます高まって、さらに困難な状況に陥ってしまうかもしれないと考えられたからです。

●実生活との関わりを問題場面に盛り込む

あと1つは、実生活との関わりです。実生活の文脈において知識を活用して考えられるかどうかを見ようという考え方で、問題を作成しました。

例えば、大問④（図2・2、68～71ページ）の地球に関する問題については、正答率があまり高くなくて、本内容の指導に課題があることが分かりました。その正答率は、大問全体を平均すると5割くらいです。

なぜできなかったかと考えてみると、本内容については、教師が指導しにくいのです。問題として取り上げた内容は、「太陽と地面の様子」「天気の様子」「天気の変化」です。理科室のみで学習が完結しないし、観察の時間もかかるので、指導の工夫がいります。子どもたちが問題を設定して仮説を立てて…という問題解決の展開も、なかなか難しいところです。

その証拠として、NHK（Eテレ）の学校放送の理科の番組で視聴率がいちばん高い内容は、「天体」「人体」「気象」「土地」なのだそうです。この理由は、もうお分かりでしょう。それらについては指導がしにくいので、テレビ番組の視聴を頼りにしてしまうのです。問題解決の授業はどうも展開しにくいのですが、かといって教科書を読んで終わりではよくない、でも指導が難しいから映像や番組を視聴させざるを得ないというところでしょう。それは悪いことではない。ＮＨＫの番組づくりには、筆者も関わっています。よくできた番組です。ただし、ただこれを視聴させるだけではなく、指導の工夫が必要でしょう。

それにしても、この地球に関する問題の回答結果は、筆者の想定外でした。本内容について、これほど習得、活用できていないのかということが、あらためて分かりました。

ここで、「地球」に関する問題を少し詳しく見ていきましょう。

まず小問⑴と⑵は「方位磁針」の知識と技能についての問題です。小問⑴で方位磁針の使い方の正答率は、わずか27・6％でした。一方、小問⑵で、その名称の正答率は89・8％でした。これが今の理科教育の実態を象徴しているかもしれません。道具の名称を知っていても使い方を知らないのと、名称を知らなくても使い方を知っているのとでは、どちらがよいのでしょうか。名前を知らなくても使える子どものほうが、生きる力、知恵を習得していると言えるのではないでしょうか。

方位磁針については第3学年で学習する内容ですが、回答した第6学年の子どもは、これほどできていないのです。これが算数科の話となれば、大騒ぎになるのではないで

4　三郎《さぶろう》さんは，５月20日の１日の太陽の位置と木のかげの動きや長さを調べました。下の３枚《まい》の図はそのときのようすです。

午前９時　　　　**正午**　　　　**午後１時**

(1)　午後１時の太陽の方位を，正しく調べているのはどれですか。下の **1** から **4** までの中から１つ選んで，その番号を書きましょう。また，その時の**太陽の方位**を書きましょう。

1

2

3

4

(2)　(1)で使った方位を調べる**道具の名前**を書きましょう。

図２・２　平成24年度全国学力・学習状況調査（小学校理科）大問4地球に関する問題（出典：国立教育政策研究所）

(3)　三郎さんは，右のように観察記録をまとめました。

この日の木のかげの長さの変化をまとめたグラフはどれですか。下の **1** から **4** までの中から１つ選んで，その番号を書きましょう。

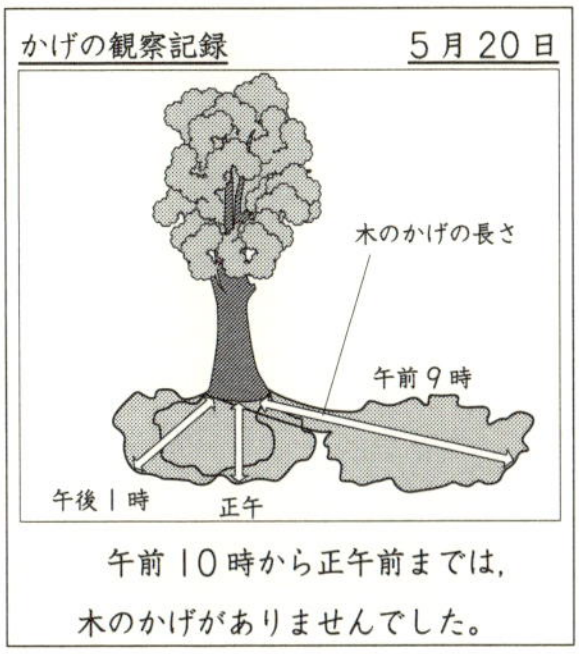

1

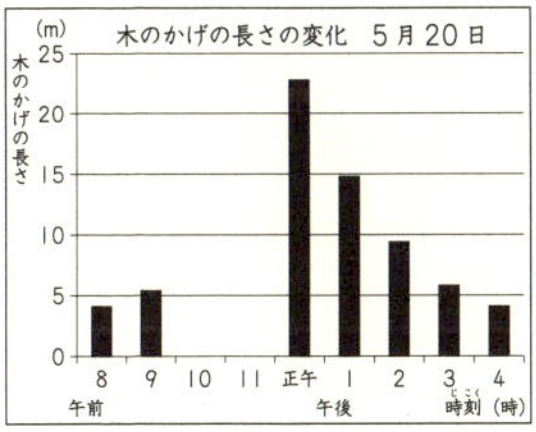

2

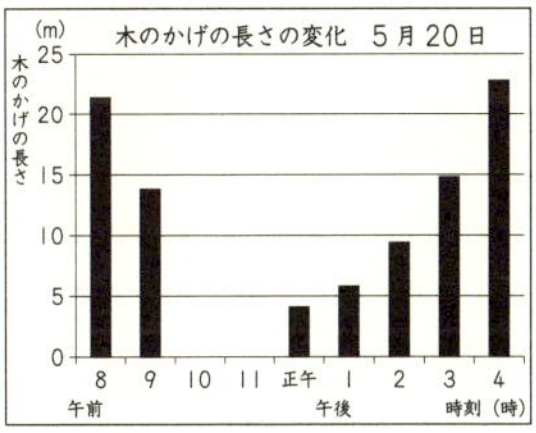

3

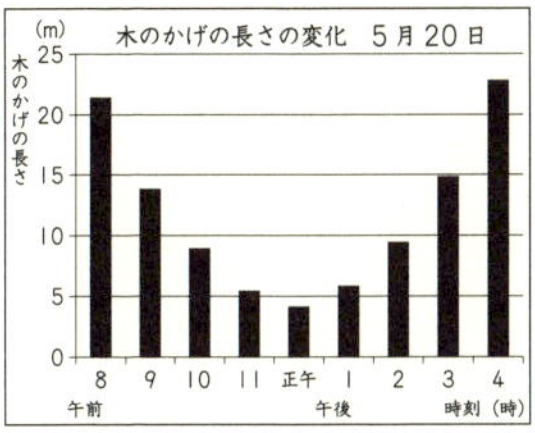

4

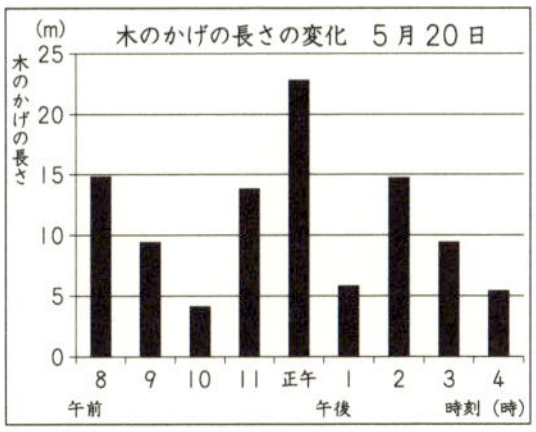

(4)　三郎さんは，同じ日の午前１１時の空のようすを，写真にとりました。
　午前１０時から正午前までは，木のかげがなかったことから考えると，三郎さんがとった写真はどれですか。下の **1** から **4** までの中から１つ選んで，その番号を書きましょう。

1

細かい雲が見られた。

2

線のようなうすい雲が見られた。

3

灰色《はいいろ》がかった厚い雲が見られた。

4

綿のような雲が見られた。

(5) 三郎さんは，同じ日に気温をはかりました。

この日のかげのようすから1日の天気を考えると，気温の変化を表したグラフはどれですか。下の **1** から **4** までの中から1つ選んで，その番号を書きましょう。また，その番号を選んだわけを書きましょう。

1

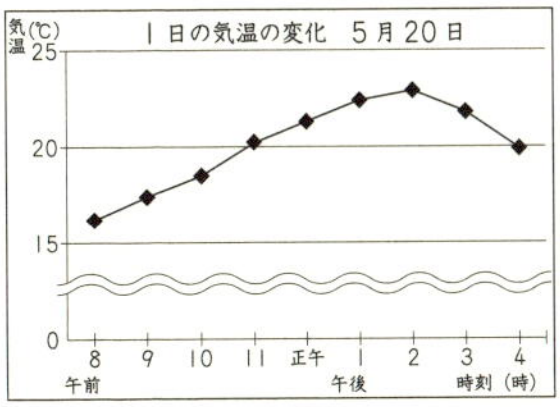

2

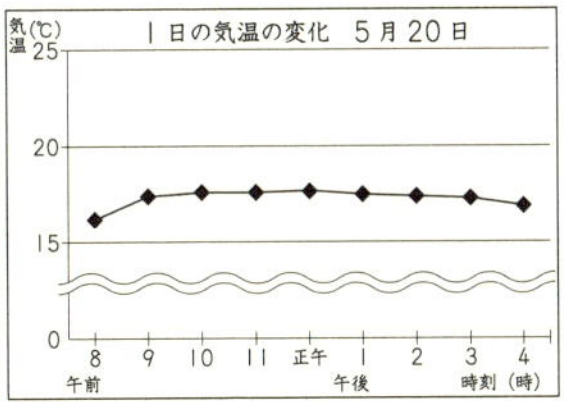

3

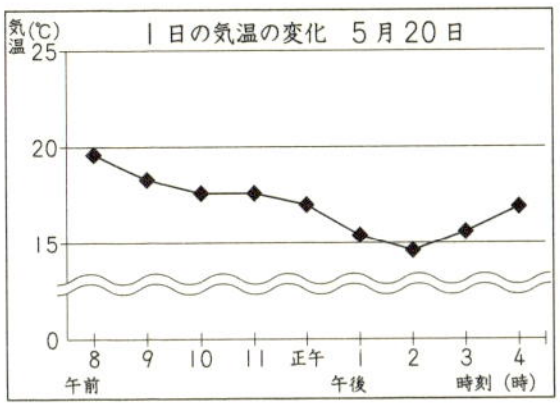

4

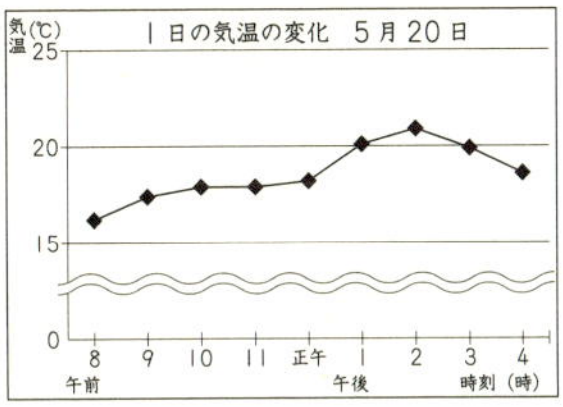

しょうか。第3学年の問題を第6学年の子どもが解けないとなれば、日本のこれからは大丈夫かと、マスコミが大きく取り上げるかもしれません。ところが、理科の話になるとほとんど話題にならない。それだけ大人の科学に対する、理科に対する関心はまだまだ低いということを象徴しているとも言えるでしょう。

小問(3)は影の観察記録があり、それに対応するグラフを選択するという問題ですが、正答率は54・7%でした。これも第3学年の問題です。

問題として載せた観察記録には、「午前10時から正午前までは、木のかげがありませんでした。」という記録があります。木の影ができなかったということは、グラフの長さとしてそれを表せないということです。そこに着目できるかどうかが本問題のポイントです。しかも、太陽高度と影の長さは、逆の関係にあります。そこをとらえられれば、選択肢の2番を選択できるのですが、正答率は5割程度でした。

本問題の観察記録を読んだときに、どういう状況かということを頭の中にイメージできることが大事なのです。しかし、こうした経験をしていないと、あるいはその記憶が不足していると、その状況をイメージするのは難しいでしょう。要するに、日頃から観察、実験を充実していないと、本問題の意味を読み取り、解釈することはできないでしょう。

小問(4)は、雲に関する問題です。小問(3)の観察記録に、「木のかげがありませんでした。」とありました。ということは午前10時から正午前までは曇っていたということです。太陽を隠す雲はどれかと考えれば、正答は選択肢の3番しかありません。ところが、4番を選択した子どもが結構いました。

小問(5)は、その日の気温を表すグラフを選択する問題です。小問(3)の影のグラフと関連付けて考えると、山型の部分と、平らになっている部分の両方が含まれているグラフが正解となります。それが分かっていれば、選択肢の4番を選ぶはずなのですが、正答率が高くありませんでした。

「理由を書きましょう」という記述問題も加えましたから、余計に正答率が高くなかったのです。理科では記述問題を3問出しましたが、正答率は、5割、3割、そして本問題が2割以下という結果でした。

この理由を単純に考えれば、書く力が弱いという判断になりがちです。しかし、本問題においては、正答の選択肢の4番を選んでいる子が少ないのです。4番を選択している子が8、9割いたという前提で、その理由を書けた子が2割弱でしたら、確かに書く力が弱いという分析になり、もっと書く力を付けましょうとなりますが、そうではないようです。

要するに、事象やデータの分析や解釈ができていないのです。だから、まずその力をもっと付けることに重点を置くということを、本問題と結果からのメッセージとして読み取ってほしいのです。

しかも、学年をまたがって、系統的に設問が配列されています。影から雲にいって、雲から気温のグラフに関する問題です。これらはまさに実社会や実生活に関係が深い内容です。影のグラフがきれいな山型になる日というのは、実際の生活ではそれほど多くはありません。天気のよい日でも、1日のうちのどこかで曇る時間があるものです。晴れたり曇ったり、降ったりというのが日常ではないでしょうか。

理科の授業では、第4学年「天気の様子」の学習で、1日の気温の変化を調べてグラフにするために、9時からスタートして1時間ごとにデータを取って、ノートに記録しています。しかし、午後1時になって曇ってくると、教師が「ああ、今日も途中で曇ってきたね。残念、また明日調べようね」と言うことがあります。気温グラフは山型でなければいけないという固定観念があるようです。常に山型である必要はないし、もう少しデータを取る日を増やしたり続けたりしてみればよいのではないでしょうか。

理科が苦手な教師は、このような固定観念にとらわれているところがあります。教科書がこうなっているから、現実もこうでなければいけないと考えるようです。例えば、ヨウ素デンプン反応では青紫色にならなければいけない、黒ではだめというようにです。実際は、ヨウ素液の濃度が高ければ、黒っぽくなるのです。そうすると、「今回は黒くなったけど、本当は青紫色になるから、みんなは青紫色として覚えましょう」とまとめることもあります。では、目の前の黒は何なのか、虚構なのでしょうか。もっと現実に目を向けることが大切です。この場合は、黒色か青紫色かではなく、反応したかどうかが着眼点となります。実社会や実生活のところを、もっともっと見ていきましょう。

以上をまとめますと、①知識と活用を一体として問うこと、②学年間を関連させた学習内容の系統性を意識していること、③実生活との関わりを問題場面に盛り込んでいること、この3点を念頭に置いて問題を作成したというのが、今回の全国学力・学習状況調査・小学校理科の特徴です。

子どもたちの学力と理科への意識

ここまで具体的な調査問題を紹介しながら、全国学力・学習状況調査の特徴とその結果、そこから見いだせる課題について解説してきました。

「知識」と「活用」という枠組で言えば、やはり「活用」について課題が多いことは否めません。子どもたちは、観察、実験の結果を整理し考察する、科学的な言葉や概念を使って説明する、批判的に考察したり改善策を提案したりすることを不得意としています。ひとことで言うならば、「科学的思考力」に課題があるということです。

しかしその一方で、理科についての意識調査では、「理

		小学校	中学校	差
勉強が好き	理科	82%	62%	20%
	国語	63%	58%	5%
	算数・数学	65%	53%	12%
授業の内容はよく分かる	理科	86%	65%	21%
	国語	83%	72%	11%
	算数・数学	79%	66%	13%

表2・1　各教科の意識調査（平成24年度全国学力・学習状況調査結果より）

科の勉強が好き」という割合は相変わらず高いのです。国語科、算数科と比較しても高いと言えます（表2・1）。

ただ、データを注意深く見ると、小学校で82％だったのが、中学校へいくと62％になり、ここに20％の開きが出てきます。国語科、算数科でも同じような傾向が出るのかと言えばそうではないのです。国語科では小学校で63％が、中学校では58％になり、5％しか下がらないのです。算数科が数学科になるので、さぞ嫌いになっていくかというと、そうでもない。小学校で65％が、中学校では53％となり、12％下がりますが、理科の方が、はるかに下がっている、開いている。つまり嫌いになっていると言えるのです。

この傾向は、理科の授業がよく分かるかどうかを尋ねた設問でも、同様の結果として出ています。これからの理科教育では、この点について深く考えていかなければなりません。

「中学校の教師が頑張ればよいのだ」という見方では不十分で、小学校の段階で、物事をきちんと見る、そこから何が得られるかということを自分でしっかり考えるという学習や経験を十分に積ませる必要があるでしょう。分からないことに対して、そこから逃げないで、自分の考えをぶつけていくということです。ここをしっかりと育てていかないと、中学校の抽象的かつ広範囲な内容の学習になると、すぐに分からなくなり、嫌いになり、そして理科から離れていってしまうのではないでしょうか。こうした悪循環は、小学校の段階から食い止めることができるのではないかと、筆者は考えているのです。

2 国際的な学力調査（ＴＩＭＳＳ調査、ＰＩＳＡ調査）

●ＴＩＭＳＳ調査（国際数学・理科教育動向調査）

ＴＩＭＳＳ調査（Trends in International Mathematics and Science Study）は、国際教育到達度評価学会（ＩＥＡ）が行う調査で、算数・数学及び理科について調査されます。

昨年（２０１２年）の12月に、ＴＩＭＳＳ２０１１の結果が公表されました。一般に、ＴＩＭＳＳ調査やＰＩＳＡ調査といった国際的な学力調査の結果をもとに学力低下などということが言われがちなのですが、そういった意味で学力低下を印象付けたのは、2003年のPISA調査（PISA2003）のときです。このとき以外はおおむね良好な結果が出ています。PISA2006においては、PISA2003で問題となった「読解力」については回復しました。

PISA2003を見て学力低下として強調する関係者や有識者が結構いますが、今回のTIMSS2011の結果は低下していないのです。

小学校第4学年の結果（表2・2）を見てみますと、前回（2007年）は548点だったのに対して、今回（2011年）は559点で、「有意に上昇」とあります。学力低下を問題視する人は、順位だけを取り上げて強調することがありますが、今回は順位は変わっていないし、点数はむしろ上がっているのです。

しかも、参加国数を見てみると、前回は36カ国中の4位、今回は

	2003		2007		2011	
小学校第4学年	有意に低下	543点（3位/25か国）	有意差なし	548点（4位/36か国）	有意に上昇	559点（4位/50か国）
中学校第2学年	有意差なし	552点（6位/46か国）	有意差なし	554点（3位/49か国）	有意差なし	558点（4位/42か国）

表2・2　TIMSS理科の平均得点推移

50カ国中の4位です。ですから「有意に上昇」と言えるのです。残念ながらこうした観点ではマスコミなどはあまり取り上げてくれません。

このことから、日本の理科教育は決して失敗してはいないと言えるのではないでしょうか。子どもたちの考えを引き出しながら問題解決の授業をしっかり進めてきたことは決して間違いではありません。

TIMSS調査は、どちらかというと知識の習得状況を問うような問題が多いのですが、理科として出題されている内容で、本調査の対象となった日本の子どもたちにとっての既習事項からの出題は、約4割もない状況の場合もあります。つまり、出題された内容の6割は、まだ学校で未履習の状態です。それにもかかわらず、このような点数、このような順位を維持できているのは、なぜでしょうか。それは、理科で学んだ問題解決によって、日常生活の中から知識を獲得したり、情報を得たりしているからです。たとえ学校ですべて教わっていなくても解答できる問題があるのです。

また、今回のTIMSS調査では、とりわけ下位層が減って上位層が増えてきている傾向がありました。筆者は、日本の小学校教師が理科授業で頑張っている成果であると考えています。そうした部分にもぜひ光を当てた分析や考察をしてほしいものです。

第1章で触れたように、現在学校で取り組まれている問題解決の授業には確かに課題もあり、変えていかなければならない部分もありますが、問題解決自体を否定する必要はまったくないと筆者は考えています。理科教育に携わる教師は自信をもって、これからも問題解決による授業をつくっていってほしいと思います。

●ＰＩＳＡ調査（ＯＥＣＤ生徒の学習到達度調査）

ＰＩＳＡ調査（Programme for International Student Assessment）は、ＯＥＣＤが進めている国際的な学習到達度に関する調査です。

ＴＩＭＳＳ調査は、どちらかというと「知識」の習得状況を測るような問題が多いのに対して、ＰＩＳＡ調査は、まさに知識の「活用」を測る調査です。知識や技能を、実生活の様々な場面でどれだけ活用できるかが問われます。

また、ＴＩＭＳＳ調査は義務教育段階（小学校第4学年、中学校第2学年）の調査ですが、ＰＩＳＡ調査は義務教育終了段階（高等学校第1学年）の子どもたちを対象にしています。

それから、ＴＩＭＳＳ調査は4年に1回実施されるのに対して、ＰＩＳＡ調査は3年に1回実施されます。4年と3年の最小公倍数は12です。つまり12年に1回、ＴＩＭＳＳ調査とＰＩＳＡ調査が同時開催になりますが、それが２０１５年なのです。ちなみに前回の同時開催は２００３年、読解力がかなりダウンしたときです。あのときから12年が経過して２０１５年、果たして日本の子どもたちの学力はどのようになっているかという点が注目されるところです。しかも２０１５年には、全国学力・学習状況調査で2回目の理科の実施が予定されています。これからのこうした調査の動向や結果についても注目していきたいものです。

さて、ＰＩＳＡ調査で主に測られているのは、思考プロセス、あるいは概念の理解と応用です。問われているのは、プロダクトとしての「知識」ではなくて、プロセスとしての「思考」です。いろいろな状況の中で知識を適切に使えるかどうかを問うような問題が用意されているところが大きな特徴です。

例えば、温室効果に関する問題があります。ここでは、二酸化炭素の排出量の推移と、地球の平均気温の推移を表す２つのグラフが提示されています（図２・３）。この２つのグラフを関連付けて、太郎さんは、平均気温の上昇は、「二酸化炭素の排出量の増加が原因である」という結論を出しました。問１では、これをまず読み取って、「太郎さんの結論は何を根拠としていますか」と問われています。グラフの読み取りとその解釈、極めてＰＩＳＡ的な問題です。

ところが、花子さんは、「必ずしもそうとは言えないだろう」というのです。太郎さんの結論に対して異論を唱えています。問２では、グラフの中で、太郎さんの結論に反する部分があるが、それはどこかを読み取ることを求められています。

地球の平均気温のグラフをよく見ると、必ずしも常に右肩上がりになっているわけではありません。全体的に上がってはいるけれども、部分的には下がっているところもあるのです。こういったところに着眼できているかどうかがポイントです。何か一定のほかの要因があるのではないか、それを示さなければ、太郎さんの主張は成り立たないのではないかということです。

この種の問題を、日本の子どもたちは苦手としているところで、残念ながら無回答が

太郎さんが、地球の平均気温と二酸化炭素排出量との間にどのような関係があるのか興味をもち、図書館で次のような二つのグラフを見つけました。

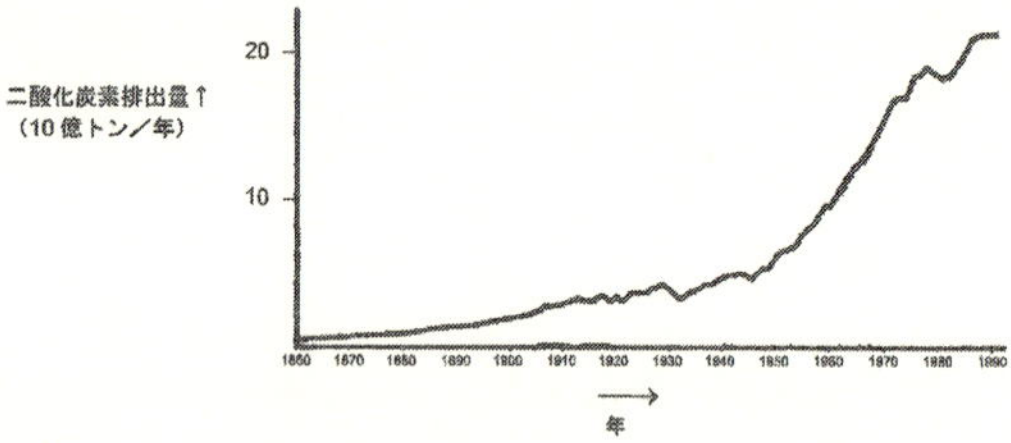

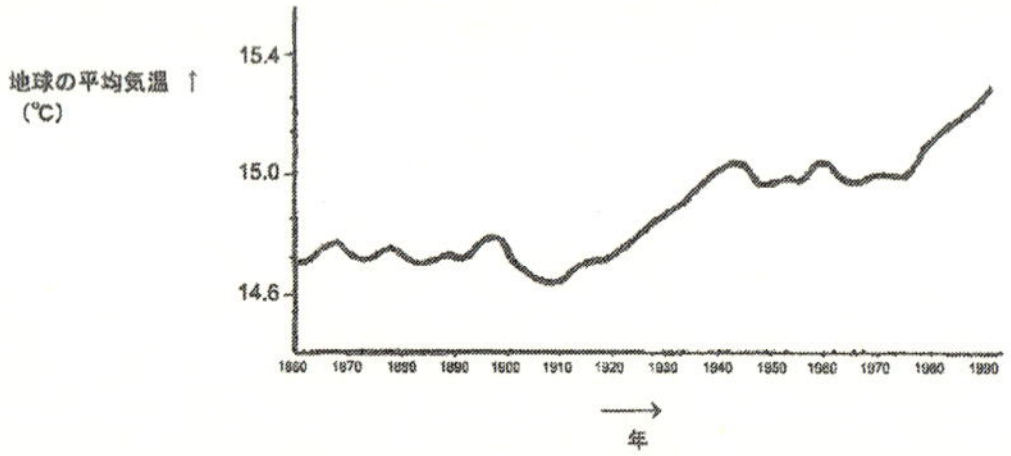

太郎さんは、この二つのグラフから、地球の平均気温が上昇したのは二酸化炭素排出量が増加したためであるという結論を出しました。

温室効果に関する問1

太郎さんの結論は、グラフのどのようなことを根拠にしていますか。

温室効果に関する問2

花子さんという別の生徒は、太郎さんの結論に反対しています。花子さんは、二つのグラフを比べて、グラフの一部に太郎さんの結論に反する部分があると言っています。

グラフの中で太郎さんの結論に反する部分を一つ示し、それについて説明してください。

図２・３　温室効果に関する問題（PISA2006）

出所：国立教育政策研究所編(2007)『生きるための知識と技能３』ぎょうせい、pp.88-90より抜粋

結構あったり、あるいは考えようともしない状況が見られます。同じ書けないにしても、メモがあって書けないという状況と、メモもなくて書けないという状況と分かれるというところがあるのが現状なのです。

3 国内外の学力調査の結果から見えてくる課題

以上、本章では、国内外の学力調査結果から見えることや考えられることを概観してきました。理科教育として、成果を上げている部分は多いのですが、その中でも課題を挙げるとすれば、1つは子どもたちの科学的思考力です。もう1つとしては、理科あるいは科学に対する子どもたちの意識の有《あ》り様《よう》です。

●問題解決プロセスを通して、科学的思考力を育成する

科学的思考力の育成については、よりいっそうの問題解決の充実が必要となります。第1章で述べたことの繰り返しになりますが、理科の問題解決プロセスで身に付く科学

的思考力には3つの側面があって、1つは論理的思考であり、2つが批判的思考であり、3つが実践的思考です。これら3つの思考力を、「自分事の問題解決」を通して形成するのです。これからの理科教育においては、こうしたことを意識した授業の展開をぜひ心がけてほしいと考えています。

(1) 論理的思考

問題解決の8つのステップは、まさに論理的思考そのものと言えるでしょう。なぜならば、問題を設定して、そこに対する仮の考えを顕在化して、その仮の考えを証明する計画を立てて、その考えを証明する手続きをとって、結果を出して証明していく、つまり、「論証」というプロセスになっているからです。

体験を軸にしながら、言語を駆使してデータを出したり、あるいは事実をとらえたりして、そこから思考していくということです。最初は思いや願いをエンジンとしながら、最終的には自分の思いや願いから離れ、雑多な情報から1つのきまりや法則を見いだすといった自己収束に向かう思考が求められます。

(2) 批判的思考

問題解決プロセスにおける批判的思考とは、自他の行為なり、観察、実験のデータなりを見直したり振り返ったりするということです。観察、実験では、信憑性に配慮しながらデータを出すのですが、それをもとにしながら、自分の予想や仮説、実験、観察という行為、あるいは検証結果を、見直したり振り返ったりするということになります。こうした「省察」がとても重要だということです。

見直したり振り返ったりする「省察」に対して、「洞察」という言葉があります。それは、先を見通して自分の考えをもつことです。こういったことが思考するうえでとても重要で、それによって事象のつながり、連鎖性やバランス、あるいは多面性をとらえていくことになります。それから、他者の言いなりになるのではなくて、自分の考えを改善策として出していくのですから、「自分事」にもつながってくるということです。

「本当にそうなのだろうか？」と、自他の思考や行為を見直し、振り返るのです。グローバル化社会においては、とりわけ重要となる思考の有《あ》り様《よう》です。

(3)　実践的思考

「本当にそうなのだろうか？」と考えて、次は「やってみなきゃ分からない」と判断することも必要です。授業の中で、予想や仮説を出して根拠付けもしっかりとしたとしても、やはりやってみなければ分からないということです。例えば、「水をやれば種子が発芽する」ということを、子どもたちは経験的に知っています。しかし、本当にそうなのかどうかはやってみないと分からない。また、そのことを証明するには、水をやらない実験の場も設定する必要があるということです。

こういった観察・実験という行為を通したり、日常生活で実際にする中で認識した知識や技能を活用したりしながら、見つめ直したり、とらえ直したりする思考が大切です。

実践的思考を働かせる活動の最たるものとして、「ものづくり」があります。「ものづくり」を通して、ものをつくったりつくったものを操作することによって、実践的に思考を働かせるということです。これには時間がかかるのですが、科学技術の発展ということを考えていくならば、小学校の段階でもっと導入する必要があると考えています。学習指導要領に「ものづくり」についての言及がありますが、時間がないということもあったり、場が用意できなかったりして、それほど授業では取り組まれていないという実態もあるようです。

例えば、ペットボトルを使って、プロペラをつくるようなものづくりがあるのですが、子どもに工作の技能が伴っていないと、よく回るプロペラがなかなかつくれないのです。そうであるならば、組み合わせて貼り合わせて作れるようなプロペラなどを使って、工作の部分での子どもたちの負荷を減らしていくことも考えられるでしょう。

大切なのは、工作するだけではなく、つくりながら考える、考えながらつくるといった実践的思考の育成なのです。

教室理科と日常生活の事象との橋渡しをする

本章では、理科に関する意識調査の結果を取り上げましたが、そこでは「子どもたちが理科や科学を学ぶ意義や有用性を感じられていない」という大きな課題が浮き彫りになっています。

ＰＩＳＡ調査、ＴＩＭＳＳ調査、全国学力・学習状況調査、学習指導要領実施状況調査などのどの調査においても、この意識について子どもたちに同じように尋ねています。「理科の勉強は大切ですか?」とか、「理科の勉強は将来の役に立ちますか?」とか、質問の仕方はいろいろですが、「科学を学ぶ意義や有用性といったものを感じているかどうか」ということを調査しているのです。

そして、どの調査においても、肯定的に回答する割合が低いのです。つまり、科学を学ぶ意義や有用性についての意識が低いということです。これはわが国の将来を見据えたならば、やはり大きな課題となるでしょう。学年や学校段階が上がるにつれてより低くなる傾向にありますが、小学校でもそれほど高いわけではありません。

その理由として考えられるのは、理科の授業の中で、学習内容と日常生活や実際の自然事象とを結び付けることが不足しているということです。教室理科、あるいは教科書理科に終わってしまっている。

学力低下を問題視する風潮が湧き起こって以来、基礎的・基本的な内容の習得の徹底を重視して指導している教師が多くいます。問題解決のプロセスを踏もうとしてはいるのですが、固定化された知識の習得を優先するあまりに、日常生活や実際の自然からかけ離れた教室理科にとどまってしまっている現実があるようです。そのことが如実に子どもたちの意識に反映されているのではないかというのが、筆者の率直な考えです。

ですから、もっと日常の生活や実際の自然の中で考える、あるいはそういったものを授業に取り入れるというようなことに取り組む必要があるでしょう。ただ、時間数も限られているので、すべての単元、すべての時間で取り入れるというわけにはいきません。きまりや法則を見つけだすために知識や技能を習得する学習もおろそかになってはなりません。両方を求めていくということなのですが、今まで不十分であった部分も実際あるので、今後はそのバランスをとって授業を展開していくことがポイントとなるでしょう。

【第3章】
これからの時代に求められる科学的思考力

前章の最後に、いまの小学校理科教育における課題として、1つは子どもたちの科学的思考力が弱いことと、2つは理科や科学に対する関心が低いことを指摘しました。

本章では、これらの課題について、理科教育にとどまらず私たちの社会全体が取り組むべき課題として描き直し、考察することに試みます。

1 「科学的思考力」の向上

「科学的思考力」とは

「科学的思考力」とは何でしょうか。端的に言うならば、「客観的な根拠に基づいて、多様な視点から思考し、判断し、実行することができる力」のことです。ここでは、個人的な思いや願いではなく、あるいは根拠のない独断でもなく、データなどの自他が認める客観的な根拠に基づいて思考し、判断し、実行することが求められます。

そこには、思考の拠りどころとする根拠そのものが本当に正しいのかを批判的に吟味することも含まれます。つまり、ここで言う「科学的思考力」とは、前章までで自分事の問題解決と関連付けて説明した「3つの思考」、すなわち、論理的思考、批判的思考、実践的思考を包括するものととらえていただければよいでしょう。

したがって、「科学的思考力」は、問題解決のプロセスを通じて養われていくものなのです。しかし、この力については日本の子どもたちが弱いとされ、子どもだけでなく、大人も弱いと言われているところです。

「科学的思考力」と合意形成

学校教育、特に子どもの「主体性」を大切にする小学校では、授業においてどうしても子どもの思いや願いを軸にして活動を考えていくことが前提となります。「主体性」というのは思いや願いから出てきますが、それだけを求めているのでは不足していると考えます。ここで重要なのは、根拠に基づいて科学的に説明し、他者の合意を得るということです。このことを、理科の学力にとどまらず人間の力として育成する必要があると筆者は考えています。

ときには、自分の思いや願いとは別の実験結果が科学的な証拠として出る場合もあるでしょう。そこで冷静に考えて結論なり考察を導き出すということが、これからますます必要になってきます。また、予想・仮説を立てる段階では、とりわけいろいろな考えが出てきます。まだ観察・実験していないのですから、たとえそれが自分とは違う考えでも、とりあえずはそれらを認めていくということが大切です。まずは受け入れるということが求められるのです。

そして、観察・実験をして、科学的な証拠が明らかになってきたら、もう自分や他者の思いや願いにとらわれずに、その結果なり結論なりを受け止めて、そこから考えを進めていく姿勢や構えが必要です。

観察・実験の結果を目の前にしても、その解釈は様々にあり得ます。多様な考えを突き合わせて協議し、「どうやらこういうことなら言えそうだ」という、みんなが納得に近づく暫定的な考えをつくるのです。「合意形成」という言い方をしますが、こうした姿勢や能力・態度が必要とされる時代に入ってきているのです。

実社会や実生活と科学教育の接点に、この合意形成という視点がより重要となる分野があります。それは、持続可能な社会の担い手を育むための「持続可能な開発のための教育」(ESD:Education for Sustainable Development) です。

ESDの推進

いま、グローバル化が急速に進展する中で、このESDの考え方が重要になってきています。持続可能な開発のための教育は、環境教育、エネルギー教育、国際理解教育などにまたがる領域を扱います。領域横断的なものですが、理科教育でもこのことを視野に入れながら取り組むことも重要なのではないかと筆者は考えています。

ESDは、もともとは2002年の国連総会でわが国が提案し採択されたものです。2005年から10年間の計画で、ユネスコが推進機関となり、「持続可能な開発のための教育」の10年がスタートしています。もうそろそろ10年たちますので1つの総括を見なければならない頃です。今のところ、2014年秋には、名古屋と岡山で国際会議の開催が予定されています。

持続可能な開発（SD:Sustainable Development）とは、将来の世代のニーズを満たす能力を損なうことなく、現在の世代のニーズも満たすような社会づくりをすることです。

理科教育にとりわけ関連が深いのは環境教育の領域でしょう。環境問題というのは、まさに「環境問題群」と言われるくらいのもので、世界的な視野で見れば、社会環境、自然環境など多様で、複雑な利害も絡み合い、「どこかを立てればどこかにひずみが出る」というように、みんなが納得できる1つの解はない状況になっていることを示しています。

こうした状況のもとで、開発途上国の発展や将来の世代の利害をも考慮に入れながら、調和的に開発を進めることが21世紀においては重要なのです。

具体的なテーマとしては、例えば、物質やエネルギーは循環しているといった「循環」という見方です。それから「生物種の多様性」もあります。同じ生物や異なる生物による緊密な関係です。みんながつながって共生しているという、生態系のバランスを示しています。

それから、環境の「保全」という考え方です。「保護」というのは、人間が自然に立ち入らない、影響を与えないというのが原則ですが、「保全」というのは人間が関わることが前提となる考え方です。人間が入っていって手を付けないと、逆に自然破壊につながるということです。

例えば、身近なところでは、竹などは強いですからどんどん増えてしまって、それによってほかの植物が枯れてしまうということがあります。それを防ぐために植物の生態系を保つために人間が竹林伐採をするのです。ブラックバスにしても、カラスにしても、ザリガニもそうです。もともとは人間の営みが原因になっていることもあるんですけれども、種が強いものは繁栄し残っていきますから、やっぱり生態系全体のバランスを保つためには、人間の手を加えなければならないのです。こうした環境の「保全」という考え方がこれから重要になってくるのです。

さらに、資源の「有限性」という考え方もあります。化石燃料が枯渇するということがこれまで言われ続けてきた中で、いま、原子力発電の問題がもち上がり、エネルギー問題は私たち日本人が考えるべき喫緊の課題となっています。

●東日本大震災の教訓

２０１１年の東日本大震災発生直後は、わが国ではさまざま情報が飛び交って、何が正しい情報なのかよく分からない状況に陥りました。被災地にいる方々は、本当に戦戦恐恐とされていたことと思います。必要な情報が手に入らないということがあるし、得られた情報が本当なのかどうかも定かではないという状況でした。

中央防災会議の「防災対策推進検討会議最終報告書」(平成24年7月)には、今後の防災政策の基本原則として、限られた情報のもとで的確に状況を把握・想定し、適時に判断することの重要性が明記されています。これは、私たち１人１人の市民にとっても今後ますます必要とされていることです。これこそまさに理科教育が求めている力の１つと言えるでしょう。

「自ら判断し、決断する力」です。つまり、ある実験、観察から考察して、１つの見方や考え方をもつということと関連しています。そして、その見方や考え方で実社会や実生活を見てみる。その中で、実際に自分で取り組んでいくという行動力、これが必要になってくるということです。

原発事故に際しては、いわれなき偏見や風評被害もありました。こういったものを私たちの社会から払拭していくには、1人1人が自ら考え、判断し、正しく行動するという力が必要になります。その基盤としては、科学的な証拠に基づく批判的思考の育成が必要となるのは言うに及びません。

例えば、テレビ番組などで特定の食品による「○○ダイエット法」ということが紹介されると、翌日以降、その商品が爆発的に売れるという社会現象がわが国ではよくあります。しかも、「あのスーパーで買った○○はとりわけダイエット効果が高い」という情報が流れると、次の日にはそのスーパーに行列ができて、朝から売り切れたというようなことがあります。

その情報の真偽を十分に吟味もせずに行列に並んでしまうというようなわが国の国民性に課題があると考えます。そういうムーブメントを楽しんで面白おかしくするのは構いませんが、思考停止してそれを真に受けているならば、先述した偏見や風評被害と通ずるものがあり、警鐘を鳴らす必要があるでしょう。

2 科学に対する関心の不足

●日頃から科学的コミュニケーションをしていく

日常生活の中で、私たちはどれくらい科学的な事柄を話題にしているでしょうか。ほとんどしないのではないでしょうか。せいぜい「天気」についての話題くらいです。「今日は寒いですね」「今日は晴れますかね」というくらいのことは話しますが、その後、「梅雨前線がどうなのか?」という話にはなかなかなりません。台風が来るときくらいでしょうか。

要は、自分たちに被害が及びそうなときには一時的に話題にするのですが、それ以外ではほとんど話題にならないのです。これには国民の気質もあるのかもしれません。「分からないことは専門家に任せればよい」という風潮があることも気になっています。日本の研究者や専門家には非常に優秀な人がたくさんいますから、ある程度信用できますが、もう少し自分自身で考えて判断するということも必要でしょう。その下地として、普段から科学について関心をもち、科学を日常の話題にするということ、つまり、科学的コミュニケーションを心がけたいものです。

別に難しいことを話さなくてもよいのです。例えば、小学校1年生に、「今日は月が出ると思いますか？」ということを帰りの会で言うのです。すると子どもたちは口々に「出る」「いや、出ない」と言います。おそらく「出る」と言う子が多いでしょう。「月はいつもある」と思っている子が多いのです。

「では、今晩おうちの人と月を見てごらん」と言って、次の日に「昨日、月は出ていましたか？」と聞くと、ここでも半々に分かれます。おもしろいことに、なぜか「出ていた」と言う子と「出てない」と言う子がいるのです。「えっ、じゃあもう1回見てみようか？」と教師が働きかけることで、次の日も見てみるのです。まさに問題解決です。月が出るか出ないか予想して、実際に観察をします。このように、最初は子どもの思いや予想を大事にしながら、問題解決のプロセスを体験させるということです。

このように、子どもたちを自然や科学の世界に誘い込む窓口、引き出しはいろいろあると思うのです。ここでは、難しいことを言う必要はないし、几帳面に記録を取らせる必要もありません。教師が書かせれば見なければいけない。言葉で言って、子どもがたとえ月を見なくても、とがめる必要はないのです。しかし、児童期において様々な自然事象についての興味・関心を高めるうえで、やはり教師の力、働きかけは大きな影響を与えるということなのです。

「理科は難しくてよく分からない」ということを、児童期から、あるいは青年期から植え付けてしまうと、もう科学の世界に入ろうとしないのです。専門家に任せておけばよいとなるのです。そこを突破することが、今の教師から子ども、つまり未来の大人への働きかけにかかっていると言ってもよいでしょう。

そうは言っても大人はなかなか変わらないのです。しかし、子どもが変わることによって、大人も変わることがあります。童話の『裸の王様』がよい例です。「王様は裸だ」と、子どもが言ったのです。そうしたら大人もみんな、「王様は裸だ、裸だ」と言いだしたのです。そんなにうまくはいかないかもしれませんが、子どもの関心が大人に広がっていくとよいと思います。

自然体験や科学的な体験をしていく

現代の子どもたちに、自然体験や科学的な体験が不足しているということについては異論はないでしょう。いまの社会状況の変化や自然環境の減退も、子どもたちの自然や科学への意識低下を助長している一因と考えられます。

自然や科学についての体験不足が如実に子どもの姿として表れるのが、実験・観察の技能の低下です。顕微鏡や上皿てんびんの操作といった理科学習に特有なものはもちろんですが、理科以外に使う道具でも、例えばマッチが擦れないとか、ドライバーが回せないとか、身体活動を伴うことについて、今の子どもは、はっきり言って不器用です。こうした子どもの実態には、やはり体験不足が影響しているのでしょう。

ただ、この状況に陥ってしまったのはけっして子どもたちが悪いのではありません。子どもよりも、私たち大人が反省をしていかなければならないことです。平成以前の時代の子どもは、放っておいてもいろいろな体験をしたものです。ところが今は、平成の時代は、放っておくと体験しないのです。あるいは体験できない自然や社会の環境にあります。

例えば、自宅からある目的地まで、電車に乗って行くとします。昭和の時代で言えば、まず最寄りの駅で行き先を見てお金を用意し、駅員に行き先を伝えて、お金のやりとりをして切符をもらい、その切符を切ってもらって、電車に乗りました。目的地の最寄り駅で降りたら、また逆の行為がありました。このように、かつては嫌でも人と話したり、見たり、考えたりするようなプロセスがありました。

ところが今はどうでしょうか。すべてがカード1枚で済んでしまうのではないでしょうか。便利と言えば便利ですが、子どものことを考えると恐ろしい状況です。

今は、身近なところでテクノロジーがあまりにも早く進歩して、それを子どもたちに考えもせず利用させてしまっています。はたして便利一辺倒でよいのでしょうか。そこのところを十分に考えていくべきでしょう。スマートフォンやICカードがあれば、誰とも話をせずに、お金がなくても目的地に行けるのです。自動チャージされますし、行き方もナビで出てきます。

日本は、ここまで便利な社会になっているのですが、その代わりに子どもの発達にとって大切な何かが奪われているのではないでしょうか。ここは、よくよく考えていかないと、子どもたちが大人に成長したときの社会状況や人間模様は大変なことになるのではないかと不安を感じます。教育者である我々は、社会環境、生活環境をとらえて、いまの子どもたちに何が必要かということを常に考えていくことが大切です。

理科の授業においては、自然の事物・現象を見たり、操作して実験することが多いです。現代のこの社会環境だからこそ、子どもたちの体験の場がどんどん奪われ、体験から得られるものが抜け落ちている時代だからこそ、こうした直接体験を授業の中でますます意図的にしっかりと設定していく必要があるのではないでしょうか。

「最近の子どもは不器用でマッチも擦れない」とただ嘆いている場合ではありません。マッチを擦ることがどうのこうのということではありませんが、身体を伴って何かを操作するということ、つまり、人間にとって道具を使うということは重要です。とりわけ発達の過程にある子どもたちには、その機会を十分に保障していくことが重要なのは言うまでもないでしょう。

●国民の科学に対する関心を高めていく

日本では、ほかの先進国に比べると、国民全体の科学に関する関心が低いということが長年課題となっています。

例えば、日本で科学の雑誌というと、どんなものが購読できるでしょうか。専門誌ではなくて、まちの本屋の店頭に並ぶような、一般向けの科学誌です。筆者が知っている範囲でも『Newton』『日経サイエンス』『科学』など、5冊もありません。『科学朝日』など、少し前まではもう少し種類がありましたが、どんどん廃刊に追い込まれてしまいました。

科学雑誌が廃刊されるということは、それだけ販売部数が少ない、つまり読者の関心が低いということです。出版社も営利目的の面もありますから、部数が減ればなくさざるを得ないでしょう。しかし、こうしたことも、国民全体の科学への関心や科学リテラシーを推し測る1つのバロメーターになるでしょう。

昆虫については詳しい、あるいは気象については詳しいというように、特定のテーマやトピックについては詳しい人はたくさんいます。例えば気象予報士の資格の取得は人気がありますし、「〇〇検定」というのも盛んに行われています。しかし、そうした人々も、科学全般ということになると、その関心ははたしてどうなのでしょうか。

そんな中で、iPS細胞でノーベル医学賞を取られたという京都大学の山中伸弥先生のニュースが、国民に夢を与えてくれました。iPS細胞の研究は、世界的にも非常に注目されています。こうしたことに乗じて、国民の科学に関する関心をもっと高める必要があるのです。科学への関心が高い国民が多ければ多いほど、つまり、母体が大きければ大きいほど、その中から出てくる研究の質が高まります。国民全体の科学への関心や科学的リテラシーが、わが国の科学研究のレベルを支えるのです。

百数十年に1回の「金環日食」のときにだけ天体に関心が集まって、関連する雑誌やグッズが売れました。しかし、そのあとは天体に関することはほとんど話題に上りません。

極端に言うと、百数十年に1回しか、科学への関心が高まらないのでは困るのです。折々の科学的なトピックをきっかけにしながら、徐々に国民全体の科学への関心や科学的リテラシーを底上げしていく取組みが必要でしょう。それにはマスコミの力も借りなければいけませんが、やはり教育の力は大きいと筆者は考えます。

●教師自身が、自然や科学に親しみ、科学的思考力を培う

自然を前にしたときには、大人も子どもも関係ないと思っています。だから、理科の授業を展開する上では、教師も子どもと一緒に学ぶこと、その姿勢をもつことが大事です。もちろん子どももと同じレベルでしか理解できないのでは困りますが、授業では子どもと一緒に現象を見てほしい、子どもと一緒にデータを見てほしいのです。そういった姿勢が、やがて子どもの問題解決のプロセスを充実させ、科学的思考力を育成することにつながるのです。今の理科の授業では、それが少し欠けているような気がします。

子ども目線というのは非常に難しいかもしれませんが、子どもの視線や論理はやはりあるのです。例えば、生活科や社会科で街を見に行くことがあります。教師は下見に行きますが、それは大人目線なのです。そのときに少しひざまずいて子どもの視線で見てみると、見える世界が違うのです。こうしたことは理科で自然の事物・現象を対象にしたときも、同じことが言えます。身体的に意識して視点を変えることで、気付くことも

あるのです。

例えば、ネイチャーゲームで「ミクロハイク」というアクティビティがあります。草原の上に1メートルの糸を置いて、その糸の上を虫眼鏡を見ながらずっとたどるのです。そうすると、突然アリが視界に飛び込んできて驚くのです。大人目線で上から見ているときとは、見える世界が全然違うのです。普段は上から見ているだけなので、アリが横から現れることはありません。アリの触覚の動きなどは見えないでしょう。マクロで見ていますから、ミクロで見てみると違います。同じ対象を見ていても、その視線、立ち位置によって全然違って見えてきます。

教師が予備実験をしたり学習指導案を立てたりして様々なことを想定しても、子どもは想定外のことをいろいろ言ってきます。それには、こうした目線の違いも一因としてあるでしょう。だから、子どもの言うことやすることを教師が想定し切れないことが多いのです。

もちろんすべてを予見するのは不可能に近いので、子ども目線で見たり考えたりする努力をすることが大切なのです。理科では、自然の事物・現象などの学習対象を知ると同時に、子ども目線になって子どもを知ることも教師に求められることです。

こうした教師の努力や精進が、子どもの科学的思考力の向上につながり、教師の実践的知識の形成に大いに貢献することになると筆者は考えています。

【第4章】

実りある授業研究のための3つのフェイズ

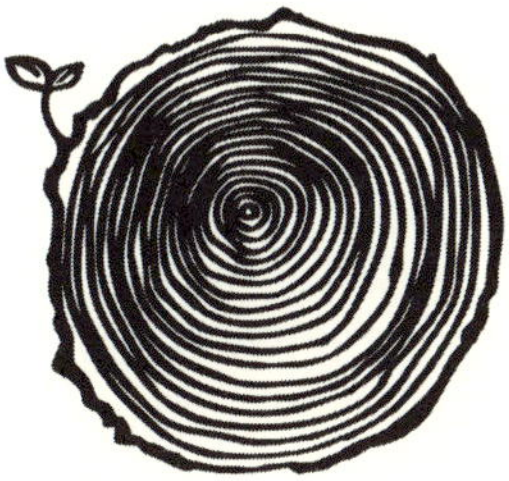

本章では、「授業研究」をテーマとし、理科を指導する教師の力量形成について考察してみたいと思います。

小学校では、「校内研究会」とか「研究授業」という言い方で、授業研究について語る機会が多いかと思います。授業研究が日本の学校教育の質の保証、教師の力量形成に対してとりわけ重要な役割を果たしていることは間違いありません。

日本の学校教育では、学制がはじまった明治時代から、教師同士でお互いに授業を見合って研鑽を積むという授業研究を行ってきました。世界的に見ますと、こうした授業研究という教師文化をもつ国はまだそれほど多くありません。日本の授業研究は、諸外国では「レッスン・スタディ」と呼ばれ、画期的な教員研修システムとして、近年、高い評価を得るようになってきています。

1 教師が協同的に取り組む授業研究

●なぜ授業研究が必要なのか

日本の教師は、教員養成課程等において、教育原理や教育心理学、発達心理学などの基礎的な理論と、教科教育学を学んできています。これらの専門的知識をベースに日々の教育実践が行われるのですが、それだけでは子どもたちの学力を高めたり、人間性をはぐくんだり、あるいは体力をつけたりということ、つまり、質の高い教育活動になかなか直結しないというのが現実ではないでしょうか。

それは、教師が教える対象としているのが、無限の可能性をもった子ども、複雑で多層な面を有した子どもたちだからです。子どもの反応はいろいろな状況によって変わるし、環境によっても変わってきます。いくら入念に事前に学習指導案を考えたとしても、そのとおりにいかないことが多いのです。そのときどきの状況に応じて、目の前の子どもに臨機応変にどう対応することができるか、これこそが教師の専門性と言えるでしょう。

とりわけ小学校の教師にとっては、学習指導と学級経営は車の両輪のようなものですが、学級経営がうまい教師は授業もうまいものです。逆もまたしかりです。学習指導も学級経営も、子どもをよく見て、子どもの反応に応じて、ケースバイケースで対応することが求められます。つまり、優れた教師は、子どもの見取りや対応の仕方が適切かつ的確であるということでしょう。これはある意味では職人的な面をもっていて、日々の修行によってそのセンスを磨いていくことが求められます。

しかし、こうしたセンスを磨くには、本人の努力だけではなかなか難しいことがあります。それは、個人の見方や経験は限定的になってしまいがちだからです。そこで、先輩の授業を見たり、自分の授業を他者に見てもらって助言や指導を受けるという場が必要になります。それが授業研究なのです。

授業実践から学ぶ

授業後の研究協議会では、授業に対する参観者の評価が分かれることがあります。「今日の授業はよかった」と言う教師もいれば、「いや、あそこは問題があるんじゃないか」と言う教師もいる。なぜ教師によって授業の評価が分かれるのでしょうか。

それだけ授業というのは、複雑であり、多要因が絡み合って成立しているからです。1単位時間という「時間」、1教室という「空間」は限られていても、そこで展開される子どもたちの活動や生み出される思考は、無限に近い組み合わせや可能性があるのです。それにもかかわらず、教師はそこに挑んでいくわけですから、なかなか一筋縄にはいきません。

それが授業というものですから、研究協議会ではある一面的な見方、ある1つの合意に収束していくようなことはあり得ません。逆にそういう研究協議となっているようでは、授業の大事なところをとらえ損なっているのではないかとすら筆者は考えています。

自分の授業を他者に見られるというのはプレッシャーがかかるもので、ふつうの教師にとってはやはり嫌なものです。他者に見られて何か言われるというのを好む教師はなかなかいないでしょう。

しかし、授業というものをまさに答えのない、解のない世界と考えるならば、実践する教師の心の構えしだいでは、そこから実にいろいろなことが学べるはずです。

とりわけ教師としてまだキャリアの浅いうちは、場数を踏んで意識的に授業の指導力を鍛えていかないと、なかなか教師としての力量が高まっていかないということは言えるのではないでしょうか。

逆にキャリアを積むと、授業の技量はある程度高くなりますから、子どもたちを動かすことにはそれなりに長けています。ただ、授業の中で子どもが本当に自分の考えを言っているのかというと、そうではなくて、実は教師が言わせたいことを先読みして言っているだけという事態に陥るケースは結構あるのです。そこをどう乗り越えていくかは、キャリアを積んだ教師にとっての大きな課題となると思います。

キャリアの浅い教師の場合は逆で、教師が言ってほしいことを子どもが全然言ってくれなくて途方に暮れてしまうということがよくあります。そういった局面を他者にチェックしてもらって、どういう手だてがあり得たのかを考えてみることが大切です。そこには固有の教師の課題のみならず、実はそれぞれの教師に共通する課題として共有できるものがあるのではないでしょうか。

そうして、ある教師の授業実践の検討をとおして実践的知識を共有化していくなかで、学校全体の授業の質を高めていけるというところが授業研究のよさです。

授業研究は3つのフェイズに分かれる

授業研究は、研究授業を中心としながら、事前の教材研究や学習指導案の検討と、事後の研究協議という3つのフェイズに分けることができます。

次節からは、それぞれのフェイズについて、ポイントとしておさえるべきことを考えていきましょう。3つのうちで授業者や同じ学年の分科会が最も力を入れるのが、事前の教材研究なのです。教材研究への力の入れ方は、特に理科では強いと思います。

教材研究だけではありません。学習習指導案の立案にしても、子どもの評価計画にしても、事前準備に授業者はものすごくエネルギーを費やしています。これはとても重要なことですし、学校の授業研究が誇る文化と言えるでしょう。

普段の授業ではなかなかそこまではできないとは思いますが、こうした取組みが普段の授業の原動力となっていると考えます。しかも、授業者1人ではなく学年でチームを組んで提案していく。そして、それに対して全校で検討を重ねていくのです。

そして、研究授業をむかえ、事後の研究協議となるのですが、この3つめの研究協議については、もう少し検討し工夫していく必要があるのではないかと筆者は日頃感じています。詳細については後述しますが、協議内容が学校の研究テーマと関係のない、ただの感想に終始したり、あるいは、意見がまったく出ないままで終わったりする協議会もあって、ここのところは見直していかなくてはいけないと思っています。

2 授業研究のフェイズ1　事前準備

●単元を構成し育てたい力を設定する

研究授業の準備段階で大事なのは、まずは単元をどう構成するかということです。それには学習指導要領の趣旨をとらえて、理科教育の課題について考察し、教科書を見て、子どもの実態を考えたうえでしっかりと単元全体の構成を検討していくことが必要でしょう。

例えば理科では、いま「理科を学ぶ意義や有用性」が課題となっています。こうしたことを子どもたちに実感させるために、現実世界と教室理科との関係を視野に入れながら、つまり現実世界の事物・現象が理科の学習内容と結び付いていくように考慮しながら単元構成を考えていくことが重要です。

そのために、実生活に着目してそれらを直接取り入れた教材を用意するということが考えられるし、教科書にあるようなオーソドックスな教材を使う場合でも、単元の最後では実生活と結び付けていくといった単元構成も考えられるでしょう。

第1章では、「問題解決の8つのステップ」を紹介しましたが、筆者はこれを学習指導要領の理科の内容の中項目と対応させて展開することを提案しています。すなわち、学習指導要領の理科の内容の中項目を示すアとイなどを「次《つぐ》」と対応させて、中項目が2つあれば最低でも2次扱いの単元構成になるという考え方をするとよいでしょう。つまり、理科における「次《つぐ》」は、「自然事象への働きかけ」からスタートして「結論」でゴールすることで1ユニットとなることを示しているのです。

次に、その単元を通して育てていきたい力を設定することが重要です。小学校理科では学年の目標として問題解決の能力の育成が明確に位置付けられています。学年ごとには、第3学年は「比較」、第4学年は「関係付け」、第5学年は「条件制御」、第6学年は「推論」というように整理されています。

それぞれの単元において、具体的にどういう活動を通してどういう能力を育成するのかということをしっかりととらえ、それをどのように評価していくのかをも考えておく必要があります。評価としては子どもの活動の様子なのか、言葉なのか、あるいはノートの記述なのかといった評価規準や評価方法も含めています。それは、「指導と評価の一体化」を学習指導計画立案の段階から図っていくということです。

学習指導案をしっかり記述できない教師は、授業でも大事なところをきちんと指導できないことが多いのです。指導できないというのは、子どもにとって学力のつく、質の高い授業にならないということです。何となく楽しくはできるのですが、本当に学力が向上する授業になっているかというと心許ない場合が多いのです。

学習指導案をしっかり記述できるということは、授業をシミュレーションできるということです。まずはそこがスタートラインとなります。その一方で綿密なシミュレーションをしても、そこからのズレが必ず生じるのが、授業の常というものです。研究授業ではそのズレから学ぶことが、とりわけ重要なことなのです。

子どもの頭にクエスチョン（？）が残る教材を用意する

理科で何よりも重要なのが教材です。かつては「理科は教材研究が8割の教科である」と言う教師もいたくらいです。今はさすがに教材一本ではなかなか勝負できませんので、単元構成や学習形態などいろいろな要素の比重も増しています。一斉指導なのかグループ指導なのか、グループなら何人でグループを構成するのか、4人がよいのか3人がよいのか、あるいはペアがよいのかといったように、目的に応じて学習形態などの吟味も必要です。

とはいえ、理科における教材の重要性はいまも変わりません。例えば「磁石」の単元ならば、アルニコ磁石がよいのか、フェライト磁石がよいのか、棒磁石がよいのか、あるいはU磁石がよいのか。ひとくちに磁石と言ってもいろいろなものがあります。育てたい学力や子どもの実態によって、教材として用意するものは変わってきます。

教科書に出ているような教材ですと、子どもたちはもうすでに知ってしまっていることが多いので、子どもの頭の中にクエスチョン（?）がなかなか残りにくいというリスクも考慮しておく必要があります。

理科の教材で大事なのは、その教材によって、子どもに知識や経験とのズレ、つまり、クエスチョン（?）が生じるかどうかということです。教材開発や教材の工夫においては、そこをめざすことが大切です。

●研究テーマとの整合性を図る

校内研究には、必ず研究テーマがあります。その研究テーマの有効性を検証するのが研究授業になるはずですが、実際にはこれらが結び付いていないという研究がよくあるのです。筆者は、校内研究に呼ばれて指導・講評を求められる際に、これらが結び付いていない場合はそのことを必ず指摘します。

「自ら学び自ら考える」とか、「科学的な見方や考え方を育てる」とか、テーマはいろいろあって、それは学校の考え方でよいと思いますが、大事なのは、それがいったい全体どういう背景から出てきているのか、結局どういったところに結び付いていくのか、さらにどういった子どもを育てたいのかということが十分に踏まえられていることです。それらを明確に描けているかどうかが校内研究のポイントです。

研究テーマが「自ら学び自ら考える子の育成」ということであれば、それに迫る手だてとして、教材はこうする、学習カードはこうする、あるいは学習形態はこうするということが、すべてリンクしていることが大切です。

その整合性がとれていないと、結局、研究の成果や課題のあいまいな研究に終わってしまいます。それを毎回繰り返していると、授業研究が形式化し、関与する教師にとっては徒労感しか残らないものとなってしまいます。

人間というのは、達成感や充実感があれば、そこに自己高揚感が出てきますので、あまり苦労や大変さを感じないものです。しかし、それがないと、徒労感や虚しさしか残らないのです。校内研究については、考えていることとすること、つまり、理論と実践が結び付くようにすることが、まず事前の準備として重要なのではないかと思います。

3　授業研究のフェイズ２　研究授業

●授業における教師の一方的で過剰な確認を避ける

理科の研究授業において、例えば、「結果から何が言えるのかを考察する」という本時の場面であるにもかかわらず、まず問題を確認し、それに対する予想や仮説を確認し、どういう実験をしたかも確認してから、ようやく本時の内容に入るような授業を見かけます。「考察」から始めてもよいのに、なかなかその本題に入らないのです。

教師が一方的に、「子どもは確認しておかないと分からないのではないか?」と危惧する、過剰な丁寧さが災いしている例です。子どもは自分のやることが明確であれば、すぐに内容に入ることができるものです。いや、入りたいのです。

ここでは、授業のポイントと子どもの実態をしっかりつかんでおくことが大事になってきます。ケースバイケースで、いちいち前時の確認をしなくてもよいこともあれば、確実に振り返りが必要なところで振り返れていないこともあります。

授業の展開を「導入、展開、終末」のパターンで固定化して考えている教師は、柔軟な対応ができないことが多いようです。理科ではこの形式化をもう変えていくことを筆者は提案しています。

問題解決の8つのステップの中で、今日は実験の時間というのなら、予想の振り返りはごく簡単にすませて、実験にたっぷり時間を確保してほしいのです。研究授業の本時が、８つのステップのどこに該当する時間なのか、しっかり考えて授業に臨むことが大切です。

●貼りものと鳴りものは使わない

問題を貼る、出てきた予想も貼る、実験方法も貼る、実験結果をまとめる段階でも、あらかじめ用意した表を貼って、そこに子どもの結果を書くという授業をよく見かけます。はっきり言っておきますが、子どもたちは貼りものは見ていません。これでは子どもの頭に入らないのです。

やはり問題を設定する場面であれば、教師が問題文をしっかりと黒板に書くべきです。教師が書くスピードで、子どもはそれを読むのです。貼りものの情報は、頭の中に入ってこないんです。貼りものは理科の禁じ手の１つです。板書をきれいに見せるのもよいですが、誰のための板書であるのかを考えて、子どもの思考の軌跡が残るような板書になるように心がけましょう。

また、「つかむ、たしかめる、まとめる」といったパターンの学習指導案を見かけます。「つかむ」が10分、「たしかめる」が25分、「まとめる」が10分というふうに時間で区切ってしまう、しかも、そこでキッチンタイマーを鳴らすのです。理科では、もう1つの禁じ手です。また、子どもの学習活動を実験10分と設定しても、実際にはなかなか時間内に収まりません。実験の最中に子どもの思考が深まったり、対立意見が突然出てきたり、実行がうまくいかないこともあります。授業計画の段階で、教師の目途として、時間の目安をもっていることは必要ですが、子どもの学習活動をタイマーでコントロールするということは、やめた方がよいでしょう。

深い実験をしてれば時間で区切る必要はまったくないのです。極端な場合ですが、あらかじめ実験を5分と決めて、その実験途中で結果が出ていなくても5分経てば、「まだ結果が出てないと思うけど考察を書きましょう」などと平然と言う教師がいます。子どもも子どもで、そのような教師の指示で考察を書いてしまうのです。なぜなら、子どもはもう結果を知っているのです。教科書にも書いてあるから、知っているのです。そうしたら対象をじっくり見るということはないです。何のために実験しているのか、何のために予想したり考察したりするのかということです。時間で区切って実験を中断させたり形だけで終わったりすることは、教師自ら否定してほしいし、脱却してほしいのです。

こういうわけで、貼りものだらけの授業やキッチンタイマーを鳴らす鳴りものの授業はぜひやめてほしいと思っています。こういう授業では、物事の本質を見ようとしたり、自分で考え抜こうとしたりする子どもが育成できるわけがありません。

「考察」では子ども同士の協議を取り入れる

「考察」の場面では、子ども同士による協議を取り入れることが大切です。

授業において、実験、結果の処理、それから考察まで行う場合、考察の時間がなくなることが実に多いです。そこで、一部の子どもに考えを言わせて、ほかの子は黙ってそれを聞いているだけで、時間がないことを理由にこれでまとめてしまう授業が、圧倒的に多いのです。

しかし、１人、２人の子の意見で考察をまとめてよいのでしょうか。教師は、これで子ども１人１人の考えを把握できるのでしょうか。それよりもむしろ、グループ内で論点を明確にして話し合わせて、教師はグループを回りながらそれを聞く方が、はるかにいろいろな子どもの考えを把握できると考えます。

全員の考えを完璧に把握するのは無理です。しかし30人のうち3人しかしゃべらない授業よりは、6グループで5人ずつが協議している授業のほうが、子どもの声が聴けて、多くの子どもの考えを把握できると思います。

そういった授業に変えていくことが大切です。協議したり、他者とかかわることによって自分の考えを修正していくという経験を積ませることが、グローバル化社会を生き抜く力につながっていくのではないかと考えます。そこでは必ず自分の意見を言わなければいけないという構えができるし、他者の意見を受け止めていく方法が身に付くことにつながります。

4 授業研究のフェイズ3　研究協議

●まずは議論の場をつくる

授業後の研究協議は、授業者のみならず、参観者全員が議論を通じて授業の実践力を鍛える貴重な機会です。しかし、いろいろな研究協議会に参加して、もっと協議会のもち方に工夫が必要なのではないかと思うことが多くあります。

「今日はよかったです。○○ちゃんががんばっていました」「行事が立て込んでいるなか、○○先生がよくやってくれました」などの感想が多いのです。協議会での意見が、研究のテーマや授業者が工夫した指導の手だてと結び付かない場合も多くあります。

それから、例えば、理科の授業については理科に詳しい教師しか発言しないケースもよく見かけます。あるいは、「これが分からないので、講師の先生、教えてください」と、講師への質問ばかりで、協議会の体《てい》をなしていないこともあります。「この点については、私はこう考えているのですが、先生はどうですか？　先生方はどうですか？」という発言が、なかなか出てこないのです。

最近では、研究協議として、グループでディスカッションをして、それをまとめて発表するというスタイルも多くなってきました。これは、さきの好ましくない例よりはずっとよいと思います。しかし、「私たちのグループではこんな意見が出ました」という発表で終わり、やはり全体での協議がないまま終わってしまいます。やはり、出された意見を全体で見比べて、共通点を抽出して議論を深めたり、少数意見にも価値を見いだしてあえて取り上げてみたりするといった吟味の場が必要でしょう。

せっかく研究授業をしての研究協議があるならば、そこで何らかの新たな論点を見いだしてほしいのです。それが正しかろうが間違っていようが、それは二の次でよいと考えます。お互いが意見を出し合い、それがぶつかり合えば「こんなふうにもあんなふうにも考えられる」とか、「いろいろ意見が出てまとまらない」とかいった状態でもよいと思います。

そのうえで、それについて講師にコメントをもらうことで、論点はずっと深められ、協議が広められます。

●協議を充実させる工夫をする

授業研究では、研究テーマを踏まえて、そこに向かった指導の手だてがあるということが前提ですので、その指導の手だてが有効であったのかどうかを論点にすえて協議をすることが大切です。感想のやりとりだけではなく、その指導の手だてに向かって、教師は何をしたのか、子どもは何をしたのか、教材がどう作用したのか、学級の雰囲気はどうだったのかなど、それをめぐって意見が交わされる協議会となるような工夫が必要です。

それから、グループ協議を取り入れて論点を絞った議論がなされる協議会もよいです。しかも、それが見える化されて、ホワイトボードや付箋を活用して整理されていて、全体で協議できるようにするのはよいと考えます。

例えば、授業について、課題はピンク色、成果は黄色、質問は青色といったふうに、付箋を色分けして使って、それらを黒板なり模造紙なりに貼り出して、意見をカテゴライズする方法もあります。その色分けから、参加者の関心事が量的にも可視化され、時間が限られた中での議論の焦点化に大いに有効に働きます。

授業者は何を学ぶのか

研究協議会において、授業者は必ずしも賞賛されるばかりではありません。参観者が遠慮した意見を出したとしても、本人は挫折感を強く感じることでしょう。「もう少しあそこは子どもに対して迫っていく必要があった」とか、「子ども同士がかかわるように、こういう問いかけをすればよかったのではないか?」とかいう反省は、授業準備を積んできているからこそ、本人がいちばん見えるものです。

まさにそこを参観者や指導者から問い詰められると、その意見や助言は、いつも以上に堪えます。そこでネガティブになるのではなく、「確かに言われたとおりだ」と反省したり、「やはりこのやり方でもう一度がんばってみよう」と反論したりと、ポジティブに受け止めていくことが、後の授業で同じような状況に遭遇したときに、もっとよい実践につながっていくものです。こうして磨かれた実践的知識の集積が、教師の専門性を形成していくのです。

責任感の強い教師ほど挫折感を感じやすいということがありますが、挫折感しか残らないというのでは困るので、めげないという資質も大切です。

その一方で、失敗を自分で引き受けずに、言い訳ばかりする教師もいます。子どものせいにしたり、「本当はこうしたかったんだけど、時間が足りなかった」というように逃げてかわしてしまうのです。「そこは自分がまずかったんだ」と素直に認めることも必要でしょう。

かといって挫折感にうちひしがれて立ち直れないのも困るので、「今回は失敗したけど、次は頑張ろう」と、常にポジティブに物事を受け止めて、次に向かうモチベーションを保持するといった教師のバランス感覚も重要です。

●授業映像を活用する

研究授業では、映像を撮ることが多いようです。しかし、研究協議の場で、あるいは後日、映像を見直しているという学校はあまりありません。撮影して終わりというケースが圧倒的に多いのです。いったい何のために撮影しているのでしょうか。

研究発表会で使うためというケースもありますが、研究発表のない学校でも映像を撮っていることが多くあります。撮った映像は、何にも活用されないのです。活用されないのであれば、何も映像に残す必要はないでしょう。せっかく撮るのであれば、見直すことを前提に、もっと意味のある映像の撮り方や活用法を考える必要があるでしょう。

映像を活用することを前提にすれば、映像の撮り方も変わってきます。教室のいちばん後ろに三脚を置いて、固定で教師の動きと黒板を映像に収めることが多いでしょう。しかし、それでは教師と子どもの応答関係をとらえきれません。複数のカメラがあればよいのですが、なかなかそうもいかないでしょう。1台のカメラでも、できれば前から教師の働きかけと子どもの応答をとらえ、臨機応変に後ろへ行ったり、また前へ戻ったりと動きながら撮っていくということも、試みていくことが大切です。

研究のテーマが絞れていれば、何も授業の全部を映像に収める必要もないので、テーマにかかわる授業場面だけに集中して映像に収めるということでもよいのです。

このように、いろいろな角度から、子どもと教師のやりとり、あるいは子ども同士のやりとりを記録しておいて、そこから授業の成果や課題を協議していくというやり方があれば、参観した教師の印象で話し合うよりも多くのことが分かってくる、いろいろなことが得られる教師の学びに変わってくると筆者は考えています。

【第5章】

一　教育者としてのライフストーリー

日本の小学校には、理科の指導について苦手意識をもつ教師が多数います。これは憂憂しき事態です。教師が理科を好きでなければ、しっかりと指導ができなければ、子どもに問題解決させたり、科学的思考力を育成したりすることは難しいでしょう。そうした教師の多くは文系出身であったり、最初から理科についてはあきらめてしまったりしていることも少なくありません。

そこで、文系出身である筆者が、理科を専門とする職に就いた軌跡を紹介することで、理科を不得意とする教師を勇気付け、励ましとなることを願い、本章を起こしました。かなりトピックを絞り簡単ではありますが、筆者の今日までのライフコースを、そのときどきの時代背景も踏まえながら一教育者のライフストーリーとして紹介します。

1 少年時代から青年時代

小学校教師になることへの憧れ

筆者は東京都台東区の下町にある小さな小学校を卒業しています。そのときの担任の先生が、人間的にとても温かく、子どもへの対応もとてもうまい方でした。その先生は、当時でまだ30代前半だったのですが、落ち着いた雰囲気のある先生でした。学級の中で、必ずしも優秀な子ばかりが優遇されるようなムードではなく、それぞれの子どもたちのよさをうまく引き出してくれて、子どもながらに、安心してその学級にいられました。先生に叱られても安心感がありました。つまり、その先生をとても信頼し、尊敬していて、教師という職に憧れるきっかけをつくってくれました。

筆者が教師になるきっかけとして、その先生との出会いが非常に大きいのですが、それだけではありません。中学校、高等学校時代にテレビで放映されて大人気だったドラマである『熱中時代』にも大いに影響されました。水谷豊が演じる北野先生と小学生たちの心の交流や小学校での出来事を描いた学園ドラマです。小学校の現場で起こるいろいろな問題に体当たりでぶつかっていく北野先生を見て、「ああ、教師っていいな」と思いました。筆者はテレビの影響を非常に大きく受けた世代だと思います。

ほかにもいろいろあるかと思いますが、そういうことがあって児童期の小学校の教師に対する憧れを起点として青年期を通して強く抱くようになりました。

●科学が身近にあった子ども時代

小学生の頃、好きだった教科は体育、図画工作、そして理科でした。座学で教師の話を聞いたり、ノートに書いたりという学習は、全然好きではありませんでした。体験的に学ぶことが好きだったのです。

だから、クラブ活動も科学クラブで、当時その学校では「理科工作クラブ」と言いましたが、そこに所属していました。自分でテーマを決めて、自分で材料を探してきて、例えばモーターで動くものとかをつくって、最後にはクラブ発表会で紹介するのです。そうした自由さや、ものをつくることがすごく楽しかったことを憶えています。

当時は、子ども向けの漫画や学習雑誌も盛んに出版されていました。よく読まれていたのは、学習研究社が発行していた『科学』と『学習』という2つの月刊誌です。家庭で許してくれる子どもはそれを両方買うのですが、筆者は家で「どちらかだけにしなさい」と言われていました。筆者の母親は『学習』を買わせたかったようですが、筆者はどうしても『科学』が欲しかったのです。無理やり母親を説得して『科学』を買ってもらっていました。毎号の付録が楽しみで仕方ありませんでした。

また、筆者が低学年の頃は、大阪万博があり、アポロが月面着陸した時代です。科学技術というものが、今に比べればまだまだ進歩していなかったようですが、多くの子どもに夢を与えてくれていました。

当時の子どもが好きだった怪獣映画『ゴジラ』や『ガメラ』、テレビのヒーロー番組『ウルトラマン』や『仮面ライダー』などは、実はどれもサイエンスやテクノロジーと密接に関係しています。ウルトラマンは、まさにM78星雲から来たという設定でしたので、宇宙への憧れももつようになりました。仮面ライダーも改造人間で、主人公の本郷猛は科学者でもありました。

小学校４年生頃の筆者

そういった科学に通ずる話題が、メディアや玩具などを通じて子どもの身近なところにたくさんありました。

当時は東京でもまだ自然は残っていましたから、学校帰りに道草して昆虫を捕まえたり、笹舟をつくって小川に流したりと、自然体験をたくさんしていました。そうしたことは子どもの頃の原風景として今でも鮮明に憶えています。

●皆既月食の思い出

当時の自然現象として今でも忘れられないのが、小学校5年生の12月に見た「皆既月食」です。それを学校の先生が教えてくれて、ある友達が、「天体望遠鏡があるから、うちでいっしょに見ようよ」と誘ってくれたのです。我が家から2キロぐらい離れたところにその子の家があって、ふだんは夜間外出はダメだったのですが、そのときだけは両親も外出を許してくれました。ただし、送り迎えはしないから自分1人で行って帰ってきなさいということになりました。

リアルタイムで月食を見るというので、欠け始めから終わりまで、野外で胸をワクワクさせながら見た憶えがあります。冬でしたから外がとても寒くて、その家の母親が出してくれた温かい昆布茶の味が、今でも忘れられません。実物の月を見ながら、天体望遠鏡でものぞきながら見て、月が非常に美しく、神秘的だったので、さらに宇宙への憧れは強くなりました。

月食が終わり、家路についたのは午後11時を回っていたと思います。小学校5年生でそんな遅い時間に、誰もいない道を1人で歩いて帰ったのははじめてだったし、恐怖心と満足感が入り交じった、とても印象的な夜となりました。

●記憶に残る理科の授業

小学校の理科の授業で忘れられないのが、4年生のときに受けた「物の温まり方」の授業です。当時の先生が、授業参観で水の温まり方の実験をしてくれたのです。理科室の教卓に水を入れたビーカーを置き、その回りに子どもたちを集めて、「水を温めたらどうなりますか？　上と下と真ん中と、どこから温かくなると思いますか？」と問いました。みんな口々に、上とか下とか言うのです。しかし、「では、どうやって調べますか?」と問われると、みんな答えられませんでした。

筆者はあまり勉強ができるほうではありませんでしたから、ふだんは手を挙げることはないし、話し合いもとても苦手でした。理科の実験だけは好きでしたから、中心になってやっていましたが、考えたり書いたりすることはダメでした。

授業参観だからというわけでもなかったのですが、そのときはなぜか偶然に考えが浮かんで、珍しく手を挙げたのです。そうしたら、誰もほかに手を挙げていないことに気付いて、すぐに手を下ろしました。しかし、「では、村山君」と先生に指名されて、筆者は「上と下と真ん中にそれぞれ温度計を挿せばいいんじゃない?」と答えました。そうしたら、クラスで優秀だった子が、「なるほど、そうだね」と言ってくれたのです。それが何とも言えずうれしかったことを憶えています。周りで見ていた保護者も、「へえ」とか「そうだね」と言ってくれました。そして、「では、それで実験してみましょうか」ということになって、グループに分かれて実験しました。

この出来事は筆者にとってすごく自信になりました。また、自分の考えを実験で検証する理科という教科の醍醐味を、児童期において、早くも身をもって知ったような気がしています。

●理科から離れた中学校、高等学校時代

筆者が中学校、高等学校の頃は、「学歴社会」という1つの価値観がまだ支配的で、なるべくよい高校、よい大学へ行くことでその先の道を拓いていくというような風潮がありました。「よい高校や大学に入れれば将来は安泰」と言われた時代でもありました。だから人生の勝負がすべて大学受験や、ある意味では高校受験で決まってしまうというようなムードがあり、高校受験や大学受験で失敗して挫折感をもってしまうということが社会問題化していました。

そのような時代背景ですから、中学校でも高等学校でも、授業や学習は受験というゴールに向けてする手段であるという思いをもっていました。また、体験的な学習をして考えるという授業を受けた憶えがほとんどありません。理科では実験をするどころか、理科室に入った記憶すら全然ないのです。

中学校の夏休みの理科の宿題として、「何でもよいから何か発明してきなさい」と理

科の先生に言われたことがあります。今でいう「自由研究」です。研究的にレポートする子もいましたが、筆者は「こんにゃくはさみ器」というのを考えました。要は、割りばしの先につまようじを3本付けて、トングのようにこんにゃくをはさむという、極めて単純なものです。夏休みの最後の日に、とにかく何か提出すればよいという安直な発想でつくりました。

クラスの発表会で、筆者が「これを見てください、これは何をするものでしょう?」と言ったら、誰も分からないのです。そこで、「これは『こんにゃくはさみ器』です。こうやって使います」と発表したら、学級のみんながどっと笑いました。そうしたら理科の先生が、「笑うんじゃない。こんなふうに生活の中で疑問をもって解決方法を考えられる村山君は、将来大人物になるかもしれない」とフォローしてくれたのです。たぶん苦し紛れで言ったと思うのですが、悪い気はしませんでした。そんなに真剣に考えたわけでもないので、照れくさいくらいでした。

しかし、いまでもこうしてよく憶えているのです。だから、教師が授業の中で子どもたちを認めて賞賛することはとても大事だと痛切に感じています。周りの子が笑っている中で、教師1人でもその子を認めることです。教師が褒めることによって、ほかの子も認めるようになるのです。それが教育のすばらしいところだと思っています。

高等学校では、筆者は理系から文系に転向したので、物理、化学、生物、地学をひとどおりは学習しましたが、それほど真剣ではありませんでした。理科の授業では、中学校同様、実験はまったくといってよいほどありませんでした。

生物で「プラナリア」が出てきますが、筆者は当時、あれが不思議で仕方がなかったのです。プラナリアは再生しますが、本当にそうなるのかと疑問に思っていました。そこで、それをすごく見たかったので、「先生、再生するところを見せてください」と言ったら、「そんな時間はない」と言われ、見せてもらえませんでした。その代わりに、「これは試験に出るから覚えなさい」という具合に、授業は教師の話を中心に展開されていきました。

あのときプラナリアを見せてくれていたら、多感な高校生だった筆者の生命観、科学に対する関心は大いに変わったかもしれないと今でも思うのです。とても残念です。

理科と無関係の大学時代

大学は、東京学芸大学教育学部に入りました。文学が好きだったということを理由に、国語科を専攻しました。大学に入る目的は小学校の教師になることでしたから、専攻が何だって関係ないから興味のあるものを選ぼうと考えていました。

東京学芸大学を志望したのは、国立大学を出て教師になりたかったからです。当時の国立大学は、今ほど多様な入試システムをとってはおらず、受験者にはセンター試験が7科目課せられました。つまり、7科目の基礎学力をしっかり身に付けたうえで教師になることを自分自身に課しました。

教育実習時の同じ学年の実習生と（右端が筆者）

教師になるために大学に入るのなら、国語、英語、社会で入ることができる私立大学も考えられました。しかし、いろいろな教科について真剣に勉強していないことになることを、どこかで不安に思っていました。それで、小学校の教師になるためにと、7科目受験を選択したのです。これはまさに青年期の思い込みです。

大学では、特に国語科教育を熱心に勉強、研究したわけではありません。ただし、自分自身で教職についてはいろいろな勉強をしていました。勉強というと大げさかもしれませんが、教育にかかわるいろいろな本や雑誌をたくさん読んでいました。

金子書房の『児童心理』という雑誌は、大学時代からずっと読み、教師になっても愛読していました。それから、当時の文部省から、『我が国の教育施策』（今で言う『文部科学白書』）が出ていまして、それも毎年購入して読んでいました。それから、小学館の『教育技術』も大学生の頃から、毎月学年を変えて購入し読んでいました。もちろん文部省の『初等教育資料』も毎月購入し、読んでいました。

筆者の学びは、どういう分野であれ、基本的に文献から入るのです。分かる、分からないは別にして、「正確な情報を知りたい」「学校で何をするのか、何が起こっているのか知りたい」「文部省が何をしているのか、白書などから知りたい」と思っていました。それを読んで、自分が実際に体験することと照らし合わせて、「教育実習のこういうことが、あの本のあそこに書いてあったことなのか」というように、納得したり腑に落ちたりしていきました。そういう学び方が好きだし、いまでも実践しています。

2 教職時代

教師生活のスタート

教師になったのは平成2年（1990年）です。東京都の江戸川区立小松川第二小学校の教諭としてスタートしました。

教師になって、指導法や教材研究としてまず勉強するのは、やはり国語、算数です。筆者も国語、算数の指導ばかりを気にしていました。国語は、教材文をどう扱えばよいのか分かりませんでした。算数は子どもの学力の差が激しかったので、その対応に困惑しました。こうした中で、教師になって最初に研究授業をしたのが、この年の9月でした。初任者としてまだ1学期しか経験をしていないので、学校も本人もかなり冒険をしたと思います。国語の第5学年『大造じいさんとガン』の読みの授業でした。物語の最後の場面で、胸を張って向かってきた残雪を、大造じいさんは銃で撃てないのです。その場面をどう考えるかということを授業で取り上げましたが、全然うまくいきませんでした。子どもたちが実に多様な答えを出すのです。筆者が言ってほしいことは、全然言ってくれませんでした。「先生が考えているのはそうじゃないんだ」などと訳の分からないことを言って、「ああ、惜しい」「それは先生の考えに近い」など途方もないやりとりが続きました。授業後に講師や他の教師から「あれではダメだ」「文脈に沿って読んでいない」「話し合いに方向性がない」などと、本当に忌憚のない意見をたくさんもらったことを今でも憶えています。

とても悔しい思いをしました。そこで、手当たりしだいに国語教育に関する文献を買って読んで、「ああ、そうか、そうか」と思いながら別の単元で再度、読みの授業にチャレンジしましたが、本で読んだようには全然うまくいきませんでした。授業は生のものなので、指導者によって、また学級によって全然変わるということを、とことん学んだような気がします。それが教師1年目の思い出の1つです。

　小学校では若い男性教師は、自分の意思とは関係なく体育部に入れられたり、体育主任を任されたりすることが多いものですが、筆者も2年目には体育部に所属し、体育の研究会に行きました。しかし、その研究会は上下関係ばかりが厳しくて、学際的な雰囲気がまったくありませんでした。

「とにかくあの先生はすごいんだ、あいさつに行け」という感じで、訳の分からない権威主義が横行していました。すごいと言われても、筆者には何がすごいんだかよく分かりませんでした。そういう雰囲気にどうしてもなじめませんでした。もちろんそういうところばかりではなかったのでしょうが、体育の世界に筆者の居場所はありませんでした。

　ただ、当時、教師として何か教科を研究していかなければならないという思いはもっていたので、教師2年目以降はそれを探っているような状態でした。

　そうこうするうちに教師3年目を迎えました。平成4年、生活科が本格的にスタートした頃です。勤務校でも生活科、理科を中心に校内研究をやりはじめました。筆者はまだキャリアが浅かったのですが、研究副主任を任され、生活科主任となりました。それで生活科と理科を勉強するようになって、江戸川区小学校教育研究会理科部に所属し、理科を本格的に勉強しだしました。

研究会に参加するようになって衝撃的だったのは、研究会で交わされている言葉が全然分からないということでした。理科の教師が話している言葉、例えば、薬品の扱い、教材、指導法などが分からないのです。研究会後の懇親会で、何気なく先輩教師にビールを注いだときに、「あんた、理科じゃないだろう」と言われました。どきっとしましたが、どういう意味だか分かりませんでした。そうしたら、「ビール瓶のラベルを上にして持って注ぐのが理科の人間だ」と言うのです。つまり、ラベルを下にすると、そこに液体が垂れてラベルの薬品名が消えて何だか分からなくなってしまうというのです。「面白いことを言うな。でも、それはビールと分かっているのに」と思っていましたが、言えませんでした。今でもその光景をはっきりと憶えています。理科ではやっていけそうにもないと、このとき感じました。

●学級通信の発行

話は変わりますが、筆者は初任の頃からずっと学級通信を出していました。今では、ある学級だけが学級通信を出すというのは学校組織として難しい面もあるようですが、当時の勤務校ではそういうことはなく、何名かの教師が熱心に発行していました。

筆者は、学級通信に子どもの作文をよく載せていました。子どもは、みんなに読まれるということもあるので、一生懸命に作文も書いてくれたのです。筆者も載せる以上は誤字脱字がないように、きちんと指導したものです。子どもの作文が学級通信の半分を占めました。

ある教師から、「村山先生が書く部分は、この通信の半分だけだから、たくさん発行できるんだわ」と皮肉を言われたことがあります。しかし、保護者には好評だったのです。「うちの子はこんなふうに考えているのか」「こんな出来事があったのか」という感想をよくもらいました。それをネタに家族で話ができるからありがたいとも言われました。同級生の保護者から、「おたくの子はすごいじゃない、しっかりと書いていて」と言われると、そう言われた保護者もうれしかったようです。

●コンプレックスをバネに

大学では理科を専攻していないし、理科部で研究や実践を始めたのも遅かったので、当時は理科についてはすごくコンプレックスをもっていました。江戸川区小学校教育研究会理科部会に行くと、1年目から理科部に入っていた同期の教師がいて、優先的に授業をさせてもらうなど優遇されているのを羨ましく思っていました。理科の研究や実践に自信のない自分を悔しく思い、それを跳ねのけたいという気持ちから、筆者は、研究授業後の研究協議会などでは必ず発言をするようにしました。まだ3年目の理科を分かっていないと思われている若手教師でしたから、生意気な感じを与えていたようです。今の若い教師には、あまりない気質かもしれません。

その代わりに、よく勉強をして研究会や研究授業に参加しました。理科学習指導要領を当然読んでいました。あらゆる箇所に線を引いてしまって、「これではどこが大事なのか分からない」と皮肉を言われたこともありました。例えば、第5学年の「物の溶け方」の研究授業があるとしたら、その授業を見る前に必ず学習指導要領で目標や内容を確認して、教科書を見て、物の溶け方についても調べて、単元に関する文献も読んで授業を参観していました。だから、筆者の発言内容が結構本質を突いたものになるのは、いま考えてみるとうなずけます。

理科の研究会ではいつも非常に勉強させてもらいました。何も準備しないでその場で学習指導案を見て、思いつきや印象を発言するのではなくて、そこに向けてよく勉強して研究会に参加すれば、やはり得るものが全然違います。自分の発言を参加者が受け入れてくれるのかどうかをはかっていたようなところもありました。大学では理科を本格的に研究していませんでしたが、それだからこそ、教師になって理科について学ぶことはたくさんあったのです。本もたくさん買い込んでよく勉強していました。

教師4年目くらいから、いろいろな勉強の機会をいただきました。最初は江戸川区小学校教育研究会理科部会、次は東京都小学校理科教育研究会などで分科会に入れてもらったりし、研究授業もさせてもらったりしていました。

その頃は、区の研究会で公開授業を何回かさせてもらいました。3代目の教科調査官だった奥井智久先生、4代目の角屋重樹先生に授業を見てもらい、コメントしてもらったことは今でも大切な思い出です。

さらに、東京都教育研究員も若くしてさせてもらいました。江戸川区で東京都教育研究員になることは、指導主事や教頭になるために通る1つの道だったので、江戸川区では当時、希望しても4～5年は待たなければ研究員になれませんでした。研究員になりたいという教師がたくさんいる中での競争ですから、筆者みたいに理科をまだ分かっていない若手教師に研究員をやらせてたまるかといった雰囲気もありましたが、そのときの理科部長が、「あいつはいつも意見を言って一生懸命やっているから研究員をやらせてみようじゃないか」と言ってくれたそうです。それで東京都教育研究員に選んでもらって、学校に勤務しながらですが、1年間、理科教育についてみっちり研究をし、実践をしました。

蛯谷先生から学んだこと

教師になって7年目に、千代田区立番町小学校に異動しました。当時、千代田区の理科研究は、日本初等理科教育研究会を研究の拠り所にしていました。そこは、それまでかかわってきた江戸川区小研、都小理、東京都教育研究員とは違った雰囲気の会でした。

「『問題』と『問い』はどう違うのか」「子どもが分かるのか、子どもに分からせるのか」というように、指導の手立てというよりも、言葉の意味や活動の意義など根本的なことを議論していました。理科教育用語辞典などを読みながら議論に参加しないとついていけない状態でした。アリストテレス、デューイ、カントの言葉などを引用して話をする講師もいました。

その頃、日本初等理科教育研究会が箱根湯本で開催していた「冬季セミナー」で、初代教科調査官の蛯谷米司先生にはじめてお会いしました。

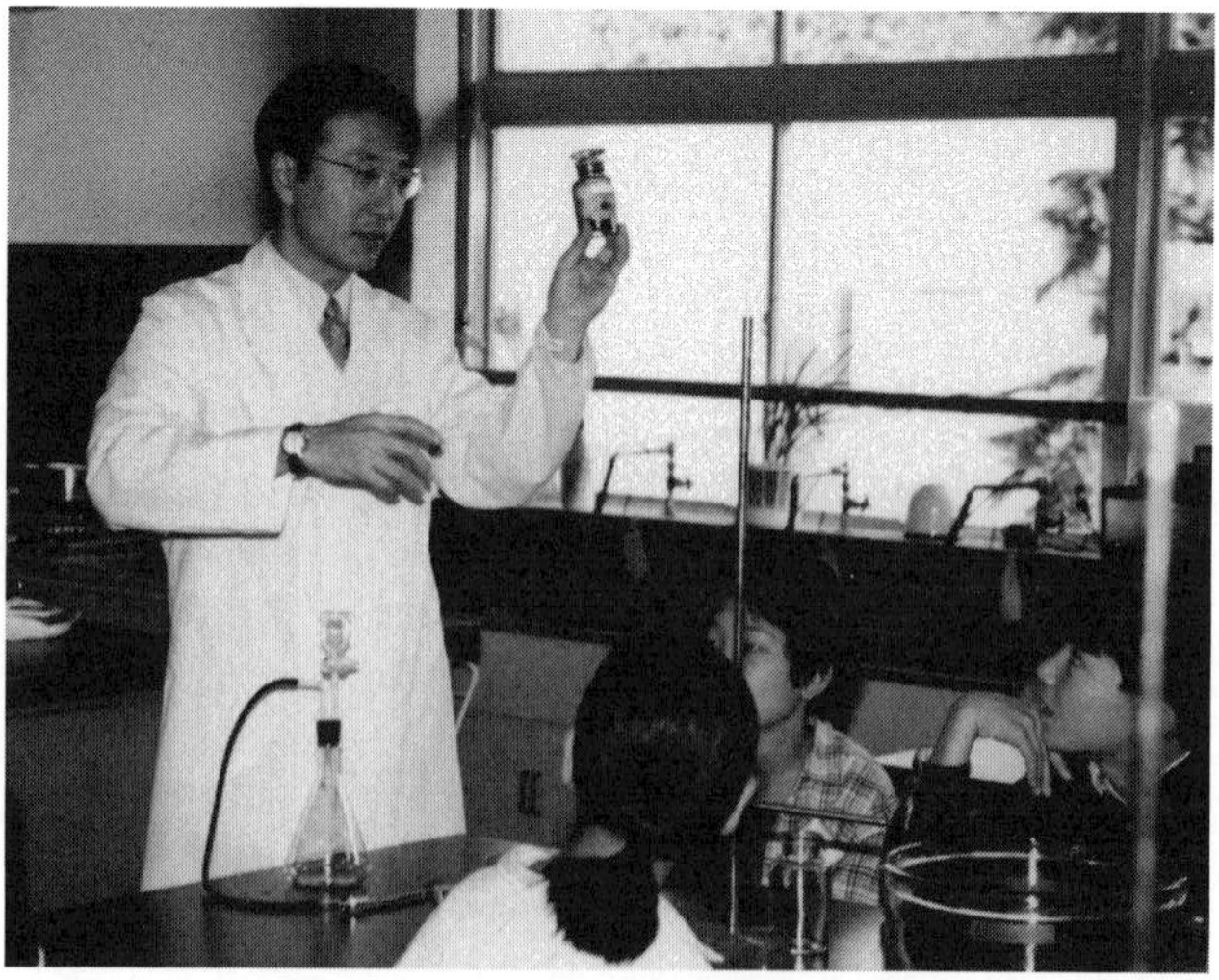

番町小学校で理科の授業をする筆者

蛯谷先生に「今日は君、何の提案をしたの?」と問われ、「5年生のメダカの単元の提案をしました」と答えました。すると、「ああ、そう。君ね、メダカの単元は何で5年生にあるの?」と先生に尋ねられました。そんなことはそれまで一度も考えたことがありませんでした。相手は元教科調査官ですから、それもあってか筆者は、「先生、それは学習指導要領にあるからです」と、とっさに答えました。すると蛯谷先生は、「ふうん。君は学習指導要領の奴隷かい?」と言われたのです。

元教科調査官がこんなことを言ってよいのかとびっくりもしましたが、そのとき考え直しました。「ほかの魚にも卵があるのに、なぜメダカの卵を扱うのだろうか?」そして、「ああ、そうか」と気づいて、蛯谷先生に「いや、違います。メダカは卵の中の様子が見えるからです。子どもの教材として適しています。顕微鏡を扱うし、生命の連続性の概念理解をするということからも、やはり子どもの発達からして5年生が適しているからではないのでしょうか?」と答えました。実際はこんなに滑らかには答えられてはいませんが、そうしたら先生がひと言、「そうか。頑張ろうね」と笑顔で返してくださいました。

それからしばらくして、先生は亡くなられました。本当に短時間の出来事でしたが、いまでも印象的な出会いですし、筆者にとっては大切なエピソードの1つです。それから、ものごとを鵜呑みにするばかりでなく、自分でよく考えるようになりました。「守破離」と言いますが、当時、人の模倣ばかりをしていた筆者に、そこから離れるきっかけを与えてくれたのが、蛯谷先生のこのときの言葉でした。

番町小学校時代に、東京都教員研究生になり、東京都立教育研究所で、今度は学校現場を離れて、1年間、理科の研究をしました。

今までじっくりとは読んでいなかった日本理科教育学会発行の『理科教育学講座（全10巻）』などの文献を全部読み直すなど、理科教育についてかなり勉強しました。条件制御の能力の育成について研究し、5年生の「植物の発芽」で検証授業をしました。検証授業を12時間分映像に撮って、教室談話をトランスクリプトに全部起こして理科授業について研究をしました。

その研究発表のときに、6代目の前教科調査官である日置光久先生と出会いました。日置先生が筆者の研究発表を聞いてから、「ほかの研究生に比べると、あなたの研究はすごいし、今の時代に合ったよい発表をしていたよ」と言ってくれました。これがご縁となり、何かと日置先生が目をかけ声をかけてくれるようになりました。人間的にもすばらしい方なので、筆者は日置先生を尊敬し師事して、文部省、文部科学省、国立教育政策研究所などのいろいろな仕事を手伝わせてもらうようになりました。

3　教育管理職時代

苦情対応の思い出

研究発表する筆者（左隅に日置先生）

筆者は、教師として子どもたちの前に立ったのは10年間だけです。あとは教育行政の世界に入り、およそ10年、教育管理職として務めました。

平成13年、教育管理職となり学校現場を離れました。東京都教職員研修センターで1年間、東久留米市教育委員会で3年間勤務しました。その間も日置先生のご指導のもと、文部省、文部科学省、国立教育政策研究所などへの協力を通して、常に理科教育には携わっていました。

東久留米市の指導主事としては、理科担当ではありましたが、実際には理科の仕事はほとんどありませんでした。校長会、教頭会、教育委員会の準備、それから議会対応、保護者からの苦情対応、教員研修の実施など、様々なことをこなさなければなりませんでした。こういうことに日々追われますから、仕事では理科の理の字もない状態でした。たまに理科の授業を見ることがあっても、それは苦情のあった課題のある授業でした。

保護者からの苦情対応で、印象深いものがありました。ある教師が、月の観察の学習で、「家で月を見てノートに描いてきなさい」という宿題を出しました。ところが実は、その日は月が見られない日だったのです。翌日になって、クラスには月を描いてきた子と描いてこない子がいたのです。描いてこなかった子は、観察したうえで描かなかったのです。家で夜に空を見たら月は出ていなかったのですから当然です。ところがその教師は、月を描いてこなかった子に対して、「どうして宿題をやってこないんだ」と叱ったというのです。

このことに対する苦情を筆者が受け、その教師に会いに行って話を聞きました。その教師は、その夜に月が出るか出ないかということを知らないで宿題を出していたことが分かりました。筆者は唖然としました。「教材研究が足らないですね。教師としての基本です。それから、叱るなら描いてきた子のほうでしょう。うそを描いているのですから」と、相手は筆者よりもはるかに年上の教師でしたが、かなり強く言いました。

幸いにもその教師は受け止めてくれて、「こんなに真剣に叱られたのは久しぶりだった」と校長に言ったそうです。また、子どもたちにも謝ったそうです。

もう10年以上前の話です。指導主事になっていちばん辛かったのが、こういった保護者や市民からの苦情対応でした。こうした対応に神経を使い、理科から遠ざかった仕事や生活で、とてもストレスがたまり、重圧のかかっていた日々でした。

●学校現場と教育行政のはざまで

こうして自分のライフコースを振り返ってみると、いつもどこかでコンプレックスを感じ、負けず嫌いなところがあったと思います。何でもスタートで劣等感をもつ場合が多いので、いろいろな面で自分が劣勢だという思いがあるから、人一倍頑張ってしまうのです。損だか得だかわかりませんが、筆者はそういう性分なのです。

それで、教育行政の世界に入って、いろいろな指導主事に会ったり、いろいろな対応をしたりして、「学校では見えない、分からないところに、こういう仕事もあるのか」と強く感じました。子どもたちから離れることを嫌がる教師は多いと思います。筆者にもそういう思いはありましたが、その一方で学校とは違う世界のことを知りたいという好奇心もありました。当時、子どもたちと離れる寂しさと、新しい仕事の魅力をてんびんにかけたら、おそらく少しの差で、新しい仕事にチャレンジしたいという気持ちに傾いたのでしょう。

指導主事を経験した後、平成17年、杉並区立八成小学校に副校長として一度学校現場へ戻りました。そこでも様々なことがありました。教育管理職の難しさを痛切に感じたし、いろいろなことが勉強になりました。

それから平成19年、墨田区教育委員会に統括指導主事としてまた教育行政に戻りました。同じ東京都でも、市部と区部とではいろいろな面で、かなりギャップがあることを感じました。教師とのやりとりというよりも、役所の中での対応が多くなり、ますます学校から離れたような気がしました。

当時、土台しかできていなかった東京スカイツリーが完成して、墨田区の街並がどんどん変わっていくことに深い感慨を覚えます。

4　教科調査官時代

「なぜ?」「どうして?」のある授業を

平成21年に、教科調査官として文部科学省に入省し、現在にいたります。教科調査官にならなければおそらく校長として現場に戻る道があったと思いますが、またさらに深い教育行政の世界に入って来たのです。

ますます子どもたちからは離れたのですが、教科調査官になっての醍醐味は、大好きな理科を自分の職にしているということです。子どもが好きというよりも、子どもが理科を学習している風景、子どもの「わあっ！」という顔を見られて、「ええっ?!」という声を聴けるのが筆者は楽しみなのです。

教科調査官になってからは、毎年、年間200回近くの授業を参観させてもらっています。そうした中であらためて感じることは、理科の授業の中では、やはり「なぜ？」「どうして？」という子どもの「問い」がないとダメだということです。大きな「なぜ？」もあれば、小さな「なぜ？」もあるのですが、それが子どもにない理科の授業はよくないと考えています。

「なぜ？」を出発点にして、子どもたちの「自分はこう考える」という考えを引き出すことに教師は全力を尽くすのです。それから、「では、確かめてみよう」「やってみなきゃ分からないよ」となるのです。子どもの言葉としてこうしたものが出てくる授業をつくってほしいといつも思います。

つまり、理科の授業では、言語ばかりに頼っていてもダメだし、観察、実験といった体験ばかりに頼っていてもダメなのです。その両方がうまく結び付いてバランスよく機能していくことが大切です。

子どもが自然の事物・現象と対峙して、そこから子どもがつぶやいたり描いたりしたことを取り入れながら、問題を設定して、その問題に対して子どもがどう考えるかということを吟味します。その考えを、観察、実験で証明していくという手続きをとるということがきちんとつながっている授業、一連の問題解決として成立している授業を求めて、筆者は全国の学校や研究会を訪問しています。そうした日々で、教師の役割の大きさを強く感じています。だから、教師の力量に期待したいのです。

学習指導案はマニュアルではなくシナリオ

筆者は講演で、「学習指導案はシナリオであり、マニュアルではない」ということをよく言います。マニュアルは、書いてあるとおりに、つまり指示どおりにしないといけないのです。例えば、マクドナルドでは、店員に注文したら右にずれて待っていなければいけないのです。筆者は「左ではだめなのですか？」と店員に尋ねたことがありますが、ダメなのです。それは、マニュアルでそうなっているからです。

しかし、シナリオというのは台本で、ストーリーはあるのですが、そこで重要なのは、役者がどう演じるかということです。そこには演出があるのです。筆者はそれが授業に通じると考えています。どちらにもドラマがある、山場があるということです。それをどこに位置付けて、そこまでをどうやってもっていくかということを考え進行することが、監督としての教師の役目であろうと思っています。

子どもの顔を見ないで、シナリオではなくマニュアルで授業をしていたら、授業にドラマは生まれません。子どもの人間的な成長は見られません。一定の知識は身に付くかもしれないけれども、ドラマのない授業の中での知識はいずれ剥落します。

最近の理科の授業を見ていてしばしば残念に思うのは、教師が子どもを見ていないということです。学習指導案とタイマーばかりを見ているのです。研究授業では、授業者ばかりでなく、周りで授業を見ている教師も子どもを見ていないことがあります。

タイマーを鳴らして、形式的に時間を切って、子どもの反応を無視して授業を進めてしまうのです。子どもに観察・実験をさせる前に、まず教師自身がやってみるとよいのです。そうすると、2分や3分の観察では何も見られない、時間内に実験結果が出ないということがよく分かります。

例えば、顕微鏡を通してはじめて小さな生命と出会ったときの驚きと感動、その体験が教師自身に抜け落ちてしまっているのではないでしょうか。ひょっとしたら、小学校時代に抜け落ちてしまっているのかも知れません。だからこそ、小学校時代の理科をしっかりやりましょうと筆者は言いたいのです。

教科調査官として講演する筆者

筆者がこれまで述べてきたように、子ども時代の出来事は印象に残りやすいのです。子ども、つまり未来の大人たちがいま、目の前にいるのです。その子どもたちに何を託すか、人生でいちばん記憶として身体や脳に刻み込まれる子ども時代に何を授けるか、教師は十分に考える必要があるでしょう。

ここまで、一教育者としてのライフストーリーを紹介しました。

よく小学校で、「あの先生は理科ではない」「私は理科ではないのです」という言葉を耳にします。筆者は、この言葉が好きではありません。この言葉によって小学校の教師が理科から逃げ、放棄しているように聞こえてならないのです。

小学校の教師は、基本的には全教科を指導することを前提に採用されています。すべてを指導できなければダメなのです。理科は子どもが大好きな教科の1つです。こうした教科から逃げずにいてほしい、理科での子どもとの出会いを大切にしてほしいと思います。

子どもは思いもよらない発言をし、言葉にできない発見をしています。それを丁寧に丁寧に読み解くのです。そこに、教師としての本質的な学びがあるのではないでしょうか。

こうした思いを込めて、理科を苦手とする教師の参考になればという思いで、恥ずかしながら私の個人的なライフストーリーを簡単に紹介しました。

おわりに

問題解決を理科の授業の中でいかに展開していくかは、指導者である教師の力量にかかっています。教材、子ども、問題解決についてバランスよく理解し、その理解の基に実践してこそ、子どもが主役の、「自分事の問題解決」が成立すると言えるでしょう。このバランスは、子どもの実態、単元の内容、教師の力量、学級文化等により変わってきます。ここに理科の授業の面白さと難しさがあります。一本調子では、なかなか問題解決が成立しないのです。

理科の授業で子ども主体の問題解決を成立させるために、戦後、多くの教師が挑戦し、失敗と挫折を繰り返してきました。まさに授業において、この命題を追い求め、格闘してきました。今日まで60年以上にわたって闘い続けてきたのです。時代が続々と変遷し、社会、自然環境等が大きく変化しました。それとともに、子どもも変わってきました。こうした中で、「問題」を定型的にセットするのではなく、不定的にターゲットとすることの必要性が高まっています。

授業は生きものです。教師の意図と子どもたちの意識、認識がぶつかり合いながら展開されていきます。予定調和はあり得ません。生きている人間同士が創りあげるものだからです。つまり、授業はスタティックなものではなく、ダイナミックなものです。

授業は、いろいろな生き様や生活を背負っている子どもたちがドラマをつくる時間であり、空間です。未知の空間と時間ですから、入ってみないと分からないことがたくさんあります。教師にとっては、失敗の連続です。こうした授業において、理科で求められている学びを成立させるためには、知識を詰め込むことではなく、子どもたちを本気にする、つまり、子どもの心に灯をともすことです。

本書をお読みいただいた多くの教育関係の方々が、自然、子ども、そして、問題解決に探究心をもちながら、よりよい理科の授業を求め続けられることを願ってやみません。

最後になりましたが、本書の刊行に労を執り、適切なご助言をいただいた図書文化社出版部大木修平氏には、心より感謝とお礼を申し上げます。

平成25（2013）年10月吉日

文部科学省初等中等教育局教育課程課教科調査官　村山哲哉

著者紹介

村山哲哉（むらやま・てつや）
文部科学省初等中等教育局教育課程課教科調査官
国立教育政策研究所教育課程研究センター研究開発部教育課程調査官、学力調査官
1963年、東京都生まれ。東京学芸大学教育学部卒業。東京都内公立小学校教諭、副校長、東久留米市教育委員会指導主事、墨田区教育委員会統括指導主事等を経て、2009年より現職。この間、第4期中教審教育課程部会理科専門部委員、学習指導要領改善協力者会議委員などを務め、今次の小学校学習指導要領理科の作成において中心的な役割を果たす。現在、東京大学大学院教育学研究科在学中。

【主著】『板書で見る全単元・全時間の授業のすべて 小学校理科3～6年』『小学校理科「問題解決」8つのステップ』（以上、東洋館出版社）、『小学校理科授業入門講座』（文渓堂）、『たのしい！科学のふしぎ なぜ？どうして？ 1年生、2年生、3年生』（高橋書店）、『NHKふしぎがいっぱい 3～6年生』（NHK出版）、『かがくのえほん（全3巻）』（文研出版）ほか多数。

教育の羅針盤３

「自分事の問題解決」をめざす理科授業

2013 年 11 月 1 日　初版第 1 刷発行　［検印省略］

著　者　村山 哲哉©
発行人　村主 典英
発行所　株式会社 図書文化社
〒 112-0012　東京都文京区大塚 1-4-15
TEL 03-3943-2511
FAX 03-3943-2519
http://www.toshobunka.co.jp
振替　00160-7-67697
組版・印刷・製本　株式会社 厚徳社
装　丁　株式会社Ｓ＆Ｐ

ISBN978-4-8100-3640-4 C3337
乱丁，落丁本はお取替えいたします。
定価はカバーに表示してあります。